MANUAL PARA
CORAÇÕES
MACHUCADOS

BRUNA LOMBARDI

MANUAL PARA CORAÇÕES MACHUCADOS

SEXTANTE

Copyright © 2024 por Gaia Prod. Artísticas e Cinematográficas

Todos os direitos reservados. Nenhuma parte deste livro pode ser utilizada ou reproduzida sob quaisquer meios existentes sem autorização por escrito dos editores.

coordenação editorial: Sibelle Pedral
produção editorial: Livia Cabrini
preparo de originais: Sibelle Pedral
revisão: Hermínia Totti e Priscila Cerqueira
diagramação: Natali Nabekura
capa: Kim Riccelli
impressão e acabamento: Lis Gráfica e Editora Ltda.

CIP-BRASIL. CATALOGAÇÃO NA PUBLICAÇÃO
SINDICATO NACIONAL DOS EDITORES DE LIVROS, RJ

L833m

Lombardi, Bruna, 1952-
    Manual para corações machucados / Bruna Lombardi. - 1. ed. - Rio de Janeiro : Sextante, 2024.
    240 p. ; 21 cm.

ISBN 978-65-5564-828-7

    1. Relacionamentos - Crônicas. 2. Crônicas brasileiras. I. Título.

24-88137   CDD: 869.8
              CDU: 82-94(81)

Meri Gleice Rodrigues de Souza - Bibliotecária - CRB-7/6439

Todos os direitos reservados, no Brasil, por
GMT Editores Ltda.
Rua Voluntários da Pátria, 45 – 14º andar – Botafogo
22270-000 – Rio de Janeiro – RJ
Tel.: (21) 2538-4100
E-mail: atendimento@sextante.com.br
www.sextante.com.br

Sumário

Prefácio por Leandro Karnal	9
Os caprichos do amor	13
O avesso do amor	16
A liberdade de amar	19
O encontro que mudou minha vida	22
Quer ser meu namorado?	25
Como anda a sua sensualidade?	27
Viva o tesão!	30
A orquídea sexuada	33
Vamos discutir a relação?	36
A difícil arte de escutar	39
A percepção das palavras	41
Quem tem medo de que você mude?	43
Afinal, de quem é a culpa?	46
O chapéu de cada um	48
Querer e não querer	50
O novo luxo	53
Esse estranho chamado desejo	56

A busca	59
A mágica da serendipidade	62
Flanar por aí	64
Um felino andarilho no telhado	66
Uma viagem para longe aqui mesmo	68
Um lugar para você	71
A moeda mais valiosa	74
Você tem um segredo?	77
Traições e mentiras	80
Gaslighting	83
Fim do amor	86
Manual para corações machucados	89
Com quem você fica?	92
Sororidade	94
A criança que te habita	97
Mulheres fortes	99
Homem não chora	102
O que aprendi com meu pai	105
Coração coerente	108
Dilema	110
Critério e julgamento	112
Abismos e asas	114
A inocência feliz	116
De caso com a vida	118
Você se conhece bem?	120

Como é sua metade do copo?	122
A mensagem da água	125
Qual é a tal da vida real?	127
Sua beleza é sua verdade	130
Beleza holística	133
Você gosta de silêncio?	137
Somos todos impacientes?	140
Quem não concorda está errado?	143
Guerra de egos	145
Ego e colesterol	148
Popular na escola	150
Limpando a alma	152
Deixa que eu cuido	154
Os doze trabalhos de Hércules	157
O urgente é importante? E o importante é urgente?	159
Quem está comigo nessa procafeinação?	161
Meu primeiro público	163
Somos todos rebeldes?	165
O negócio do Barão	168
Adeus, Tango	170
O furto das vasilhas	172
A caça	175
Como meditar no dentista	178
Descobrindo Mario Quintana	181
Escritores não morrem, escritores deixam livros	183

Uma voz tamanha	185
Basta uma só mulher para fazer um país mais feliz	188
Acabou nosso Carnaval…	190
As Erínias	193
A deusa da discórdia	195
A origem do mal	197
Torre de Babel	200
Todos os ódios são o mesmo ódio	203
As mães da guerra	206
Era das trevas, era da luz	209
Você acredita na paz?	211
Tecnologia espiritual	213
A doce subversão de ser feliz	216
Minha amiga robótica	218
Você sofre da síndrome de Fomo?	221
De quem é a IA?	224
O poder mais perigoso que já criamos	227
A arte é feita de momentos roubados	229
Nós e as estrelas	232
Reencarnações	234
O sorriso de Deus	237

O coração de Bruna Lombardi

Prefácio por Leandro Karnal

Uma câmara oca com quatro cavidades, dois átrios e dois ventrículos. Um tecido pulsante cercado de fiação complexa. Bomba da vida, tornou-se a metáfora afetiva por excelência. "Você não tem coração" – acusação dirigida a pessoas desalmadas. "Isso toca fundo no meu coração" – reconhecimento do ponto mais vulnerável e profundo da sensibilidade humana. "Você partiu meu coração" – implicando dor extrema e decepção. Afetado por emoções, perturbado por alimentação equivocada, oscilando com nossa atividade física, balançando ao sabor do vento biográfico: eis o coração. Ele é pequeno como um punho fechado, imenso como a própria vida.

O livro principia com uma linha diretora que percorre todas as imagens: "O amor é o supremo dos sentimentos." Logo em seguida, lemos que "às vezes o coração empedra". Impossível viver sem acumular cicatrizes. Bruna Lombardi decidiu pensar, com escrita sensível e inteligente, sobre como restaurar nossas feridas de vida.

"Amar requer coragem", diz a autora. Sim, entrega, tesão, liberdade e ousadia, ingredientes da vasta receita do coração que pulsa. A receita é clara: as condições de cada cozinha é que variam.

Os textos convidam à audácia do amor e à liberdade, respeitando a subjetividade dos "chapéus de cada um".

Havia sinceridade na pequena menina Bruna que desafiou um padre com questões teológicas. O religioso talvez tenha pensado ser rebeldia o que era vontade curiosa de destrinçar as linhas da fé. Deus não negou o livre-arbítrio, porém... alguns de seus servos tentaram construir a parede ao redor do coração que pulsa. A vida supera a burocracia. Definha a candidata à primeira comunhão, cresce a alma livre.

* * *

Existe um novo patamar de valores hoje? Sim! O "novo luxo" é um tripé de cuidados com a saúde, a liberdade e o uso do tempo. Quem reconhece sua fraqueza e busca o cuidado de si adquire o patamar de luxo que se distanciou de bolsas de grife e atingiu a paz interna e com os outros.

Caminhar pelo mundo com seu coração pulsante é lidar com desafios. Cortar relações abusivas é um passo. O texto identifica o termo "gaslighting" como um risco cardíaco. Permitir-se espaços de silêncio e buscar a coerência: eis parte do mapa para curar um coração ferido. Viver também implica sobreviver. Sobreviver a gente tóxica e até a incêndios na aridez da Califórnia. Mas o drama desperta solidariedades. O que não nos mata, pensava Nietzsche, torna a todos mais fortes. Acima de tudo, fazendo um pequeno adendo ao alemão: o que não nos mata é alavanca para maior sensibilidade e compaixão. O que realmente mata é a indiferença.

Um coração é herdeiro sempre de outros corações. Ugo Lombardi surge como figura ímpar que origina ensinamentos e legados férteis. Antes do meu, outros corações pulsaram. Voltar à memória dos pais também é terapia para as dores do mundo.

Um coração famoso facilita muitas coisas. A exibição pública apresenta seus riscos. Em conclusão densa, socrática, Bruna analisa que "compreender quem somos, o que podemos e queremos é uma longa jornada de autoconhecimento". Grande parte dos remédios contra ferimentos cardíacos reside no conhecimento de si. A frase do Oráculo de Delfos é poderosa e universal. Quem se conhece entende mais sobre homens e deuses.

O autoconhecimento passa pelo diálogo com as pessoas e com o mundo. Pode ser com adoráveis animais recolhidos, como Amora e Tango. A partida contém dor, mas o amor permanece como fio de memória terna. O afeto pode passar pela amizade com o poeta Mario Quintana. Da mesma forma, pode ser o reencontro com a nonagenária tia Yolanda após a pandemia. Acima de tudo, o amor flui com o companheiro de toda a vida: Carlos Alberto Riccelli. O coração é anterior à Babel e fala todas as línguas quando permitem que se expresse.

Percorrer as páginas deste *Manual para corações machucados* é ter contato com o particular e com o universal. O particular de Bruna Lombardi, gestos, nomes, amores e experiências. O universal do amor e da experiência rigorosamente mística que o livro traduz. Do átomo ao cosmos, percorremos um caminho de pequenas e grandes epifanias. Há que ter olhar atento, alma sensível e coração pulsante. Epicuro sonhou com os quatro passos de um remédio a todas as dores (tetrafármaco). Bruna assentou sua jornada na crença tripla de que "Amor cura/Amor salva/Amor é a resposta". E... atenção aos pequenos milagres de todo dia ou de verdades enunciadas em jantares de amigos: dali nasce um novo prefácio e um novo sorriso de afeto. É um pequeno milagre.

Obrigado, Bruna Lombardi, por me ajudar a cicatrizar meu coração.

Os caprichos do amor

O amor é o supremo dos sentimentos e, no entanto, até hoje ainda estamos tentando entender como lidar com esse turbilhão de emoções contraditórias que ele nos provoca. E isso tudo vem através das eras.

Não é por acaso que na mitologia romana o Cupido é filho de Vênus, deusa do Amor, e de Marte, deus da Guerra. O amor carrega dentro de si essas duas energias opostas, esse conflito de sentimentos que, se a gente não prestar atenção, nos desgasta, derruba, derrota. Joga contra as paredes nosso coração partido e nos arrasta pelo chão, implorando que os deuses aliviem esse redemoinho de aflições.

Pedimos a Eros, Ísis, Afrodite, Freya, Oxum, Santo Antônio, São Valentim e quem mais puder proteger esse tesouro tão sensível e delicado que carregamos dentro de nós.

Podemos reverter esse destino? Podemos antecipar as armadilhas do amor e desviar delas? Podemos construir a cada dia um pouco, tecer pacientemente o fio dessa fina tapeçaria, criar um belo desenho que traduza aquilo que desejamos no nosso íntimo?

O que é preciso para isso?

Será que nós, que amamos tanto, conseguimos compreender a abrangência desse sentimento? Sabemos de verdade alimentar as raízes do amor, para que flores, folhas e frutos desabrochem?

Precisamos ter intimidade com esse sentimento que nos invade, nos transporta, nos transforma.

O que é preciso para criar aquela cumplicidade profunda com a pessoa que amamos?

Aquela parceria de entender o outro, mesmo a distância, com um simples olhar, um gesto, um código?

Ter humor é sem dúvida fundamental. Achar graça nas mesmas coisas, dar risada juntos.

Ajuda muito ter as mesmas referências, os mesmos interesses, gostar de fazer as mesmas coisas. Ter visão de vida, filosofia e valores parecidos.

Gostar de sexo, querer dar prazer e descobrir os segredos do corpo da pessoa amada. E da delícia de depois do sexo, a calma, a conexão, o instante antes do sono.

É bom dormir agarrado, porque amor tem que saber esquentar os pés, mesmo quando existe uma boa diferença de temperatura entre os corpos, a eterna briga de tirar e puxar o edredom. É preciso saber se divertir com as diferenças. Saber atribuir algum encanto aos defeitos e particularidades um do outro, para que sejam motivo de riso e não de raiva. Afinal, tem alguém perfeito neste mundo?

Nenhum relacionamento é perfeito, mas o amor, sim, é e consegue fazer a gente enxergar só a maravilha das coisas. O amor tem o extraordinário poder de aquecer, iluminar, colorir.

O amor torna os seres humanos generosos e é com essa generosidade que podemos mudar o mundo.

Não importa quanto dura o amor, porque sempre vale a pena, desde que nos faça bem no percurso.

Às vezes vamos do êxtase ao abismo, a guerra de Marte nos atinge com seus reveses e novas configurações anoitecem nosso céu. Já não vemos estrelas. Nos sentimos um bicho ferido com medo da escuridão. Mas nenhuma noite é eterna e coração machucado tem cura.

Até porque não foi o amor quem nos machucou. Será que os caprichos são dos deuses ou nossos? Somos vítimas de um destino inexorável ou temos livre-arbítrio para mudar o que está escrito?

O avesso do amor

Às vezes o coração empedra. Endurece como se uma argamassa de dor e raiva misturadas virasse cimento. Um cimento que secou cheio de marcas, de quem não prestou atenção e pisou em cima, riscou, fez um estrago.

Empedrou e agora ninguém mais repara nisso.

Amor machuca, a gente sabe, mas sabe de um jeito errado porque o que machuca é o avesso do amor. É o desamor, a falta, a ausência dele. O lugar onde ele não existe.

Em cada espaço que o amor não habita, outras coisas crescem. O que o amor não ocupa logo é invadido por um descontrole de sentimentos distorcidos, ferro em brasa que queima devagar e parece que a ferida nunca cicatriza.

Até que um dia chega uma dessas chuvas que a gente gosta de tomar porque lavam a alma, limpam o espírito e molham o coração. E dessa umidade começa a brotar coisa, musgo, mato, flor.

Já não é pedra mais, nem cimento marcado, é a natureza que brota inesperada onde parecia impossível de tão árido. Um sopro de vida aparece e enfeita tudo. A palpitação da expectativa. Alguma coisa se vislumbra, um fio frágil de esperança.

A beleza da vida é que todo dia ela recomeça e surpreende. Basta uma brecha, uma fenda, uma fresta e de repente a beleza entra.

Quem andava desencantado olha no olho de alguém e percebe que nem tudo está perdido. E aquilo que se perdeu aos poucos se esquece.

Encontramos novas trilhas, caminhos que inventamos, possibilidades.

Porque a vida é possível, apesar de tudo. Pode parecer difícil e improvável quando uma porta se fecha, quando te arrancam o chão. Quando durante tanto tempo tecemos sentimentos duros e nos cobrimos com eles para esconder um coração despedaçado. Usamos um escudo para que nunca mais nossa vulnerabilidade seja atingida.

Desmanchar isso não é simples e nunca parece seguro. Temos medo. Precisamos nos proteger.

A gente sabe que nosso coração pode não resistir se for machucado de novo.

Escolhemos o desamor como se fosse um lugar fora de perigo, como se nos deixasse mais fortes.

Mas é uma contradição a gente tentar usar o desamor como um abrigo, se foi justamente o desamor que nos feriu.

Sem perceber, estamos nos entregando ao nosso pior inimigo. Estamos nos tornando aquilo que combatemos.

Não podemos deixar que a vida nos transforme naquilo que não somos. Viemos para trazer essa força amorosa para a vida e não para ter medo dela.

Precisamos de muita luz para vencer a escuridão do mundo. Quando um coração magoado se fecha, uma luz se apaga. Uma energia deixa de brilhar e todo o campo se torna mais sombrio.

Se a gente se machucar ou machucar alguém, sofrer ou causar sofrimento, essa é a matéria de viver. É inevitável.

Toda dor é um rito de passagem.

A gente se recupera e as marcas que ficam são nossa história.

Viemos distribuir abraços e acolhimentos, lágrimas e risadas. Viemos experimentar, vivenciar, entrar de peito aberto nas emoções. Viemos para olhar um arrebatador fim de tarde e acreditar na força do Universo.

Ocupar tudo com amor para que o avesso do amor não se instale.

Vencer o desamor é um ato de resistência.

A liberdade de amar

Tem pessoas que quando a gente encontra sente logo de cara a mesma energia, a mesma frequência. A conversa flui e parece que um completa as frases do outro num claro alinhamento. Os pensamentos se identificam, as sensações se reconhecem e a gente percebe que vê a vida de um jeito parecido. Surge uma confiança imediata, aquela calma que dá quando ninguém precisa explicar muito pra se entender.

Confiança é o sentimento chave.

Se a gente pudesse contagiar mais pessoas para que descobrissem essa cumplicidade entre elas, o mundo com certeza seria mais feliz. Qualquer relação afetiva ou sexual com outro ser humano produz uma das químicas mais poderosas do nosso sistema.

Quando estamos numa relação íntima, verdadeira, confiável, ela se torna um catalisador que vai ativar o melhor dentro de nós. Nossa máquina vai produzir hormônios, equilibrar, harmonizar e potencializar tudo que temos.

Precisamos nos sentir amados para poder amar e superar medos, incertezas, ansiedades. Se todos pudessem ter relacionamentos amorosos saudáveis e construtivos certamente não haveria tanta dor, maldade, ressentimento e rancor no mundo.

Mas por que é tão complicado se relacionar? Por que desenvolvemos tantas distorções a partir de sentimentos tão básicos?

É claro que numa relação existem egos, armadilhas e tentações no caminho. Diante de cada encruzilhada precisamos fazer uma escolha.

Amar requer coragem. Amor e liberdade são forças primordiais da vida, mas em geral não caminham juntas, pois acreditamos que uma exclui a outra. Como se amar fosse uma espécie de aprisionamento. Não, não é. A sabedoria é não separar uma da outra, mas aprender a amar respeitando as diferenças, a individualidade e a liberdade do outro.

Conhecer o outro e experienciar essa troca de emoções abre a porta para o autoconhecimento. É descobrindo o outro que vou descobrir minha verdadeira essência. Eu me descubro através do olhar dele e ele, através do meu olhar.

Juntos vamos confrontar nossas sombras, as passagens escuras da nossa alma, falar dos nossos fantasmas e saber que o amor nos ilumina e alivia o que nos pesa.

"O amor não pesa. Liberta-nos do peso das coisas", diz José Eduardo Agualusa. Todas as manifestações do amor são aspectos fundamentais da nossa energia vital. E tudo deriva dessa energia.

Parivartan é uma palavra sânscrita que significa transformação, mas esse significado é específico de como uma mudança interna afeta o todo, o coletivo. Numa relação com alguém, os dois são transformados.

Cada um deixa de ser alguma coisa para se tornar outra que completa esse novo encaixe. Cada um é um, juntos somos dois e existe uma terceira coisa que é a relação.

E essa tríade está em constante movimento e mudança. Uma desconstrução e uma nova construção. Nada é permanente e tudo precisa ser trabalhado.

O despertar do amor é a grande transformação, o mais profundo impulsionamento da força que trazemos. Através da relação amorosa podemos criar uma nova realidade.

Para os budistas e hinduístas, nascemos para purificar nosso karma. Por meio dessa purificação, vamos nos alinhar com o nosso dharma, o propósito da nossa alma.

Não somos perfeitos nem perfeição é a nossa meta. Compreender o outro nos ajuda a compreender a nós mesmos.

A grande liberdade da aventura é ir descobrindo o que somos, deixar de ser o que não somos mais e acompanhar a constante mudança do outro, sem querer que ele continue sendo o que era e já não é mais.

Isso requer coragem e confiança.

Coragem de se expor e de se ver exposto. De lidar com o desconhecido que virá de cada transformação e embarcar nesse fluxo amorosamente.

Confiança para que essa troca seja mágica e acenda uma luz dentro de nós. E cada pequena luz pode ajudar a iluminar o mundo.

O encontro que mudou minha vida

Desci de um pequeno avião numa pista improvisada no coração da floresta, perto do Posto Leonardo. Os irmãos Villas-Bôas tinham conseguido a demarcação das terras indígenas e era quase impossível visitar o Xingu.

Eu tinha aceitado um trabalho na TV justamente para viver essa aventura, mas não podia imaginar que isso mudaria minha vida para sempre.

Eu era a única mulher de uma pequena equipe e conheci o ator Carlos Alberto Riccelli, que faria o papel de Aritana, com quem eu ia passar um mês na aldeia Yawalapiti, no Alto Xingu.

Era uma época ainda de muito pouco contato com os brancos e eu teria a rara oportunidade de vivenciar o cotidiano nas ocas e a cultura da tribo.

Conhecemos o verdadeiro cacique Aritana, um líder de alma nobre, um príncipe no seu comportamento. Eles falavam a língua Arawak e também entendiam muitas frases nossas. Existia uma forte curiosidade dos dois lados.

Eram impressionantes a organização serena da aldeia, a calma do tempo e a maneira como conviviam com a natureza.

Íamos nadar diariamente no rio Tuatuari e na lagoa Ipavu, lugares de beleza indescritível, de águas cristalinas onde os indígenas bebem, nadam, pescam e que nunca sujam. Para eles, o rio é tudo. E tudo é muito limpo, o interior da oca e o manuseio da comida. Eles plantam principalmente mandioca e pescam o necessário para o consumo. E a gente ia pescar com eles de canoa. Eu ficava fascinada com a arte, o artesanato criativo e colorido. Todos se enfeitavam numa linda mistura de cores. E a gente dançava junto com eles.

A tribo preparou todos os rituais, festas, lutas e cerimônias para a nossa filmagem e o Ri, no papel de índio, participou de tudo. Você vê as cenas e quase não o reconhece.

É um povo forte, generoso e extraordinariamente verdadeiro. Brincamos muito com as crianças, livres, carinhosas e sempre felizes. Elas diziam "vamo banhá?" e iam correndo com a gente para mergulhar.

Presenciamos sessões de cura com o xamã em que ele, em sua sabedoria ancestral, misturava ervas e plantas da floresta para preparar medicamentos. Participamos de muitas cerimônias sagradas no interior da floresta. Os rituais, com muitos cantos e danças, têm um espírito mágico e religioso e uma comunhão com a natureza.

Conhecer o Ri nesse paraíso terrestre me deixou em estado de total encantamento, com ele e com tudo o que me cercava. Fomos nos apaixonando na exuberante beleza e magia desse lugar. Não parecia real. Todos os dias a gente andava em meio a incontáveis borboletas amarelas e azuis, numa absoluta sintonia com a natureza.

À noite, adormecíamos olhando o céu do Xingu. Não encontro palavras para descrever aquela imensidão silenciosa salpicada de estrelas. Momentos de uma emoção profunda.

Nunca pensei que uma história de amor pudesse acontecer assim. E nem estava esperando nada disso.

Conviver com povos indígenas foi uma experiência transformadora. Uma vivência que marcou a nossa vida e trouxe à tona nosso lado índio, livre, ligado à terra e à natureza. E foi olhando aquele horizonte sem fim que descobri como podia ser infinita a dimensão do amor.

Penso no Xingu, nos povos indígenas e na nossa história e sinto profundo respeito, admiração e uma gratidão imensa.

Sem pensar no futuro, nesse encontro escrevi: "Se a paixão há de ser provisória, que seja louca e linda a nossa história."

Décadas depois, ele diz: "Casamento só é bom quando é cada vez melhor..."

Quer ser meu namorado?

Gosto da palavra namorados. Mesmo que a maioria tenha uma certa pressa de trocar essa palavra por outra que traz mais segurança: noivos. Para muita gente, noivos parece coisa mais sólida, vem com uma promessa mais firme aos olhos do mundo. Parece mais importante no estágio social do amor, deixando claro para todos que agora é pra valer.

Em breve vamos trocar qualquer dúvida pela certeza, trocar a aliança de mão, reforçar nossos laços e provar a todos que é real, veio pra ficar, é pra toda a vida... pelo menos na intenção.

Vamos passar para esse novo patamar mais seguro, aparentemente inabalável. Vamos representar novos papéis, seremos marido e esposa. A palavra então será casados, e isso é sério, definitivo, todo mundo respeita. Ninguém mais vai achar que é brincadeira.

Na verdade, o prazer maior dos namorados é poder brincar. E, no fluxo alegre do amor, se mostrarem felizes sobrevoando a seriedade da vida. Namorados estão se conhecendo, desvendando um ao outro, revelando segredos.

Querem ficar grudados, sussurrando promessas e juras, descobrindo partes íntimas de sexo e alma. E podem existir se desmanchando em risadas.

Namorados respiram paixão, se tornam cúmplices.

Vão pisando aos poucos com pequenos passinhos dentro

desse território da cumplicidade. De repente podem entrar em túneis escuros, ter medos, questionamentos, dúvidas. E mesmo assim vão dando coragem um ao outro.

O amor nos torna imbatíveis, aprendemos a ser dois contra os perrengues do mundo. E, se vamos lutar lado a lado na batalha diária da vida, é porque o amor pode tudo, vence tudo, é maior que tudo.

A paixão enfeita o mundo, pinta as cores do caminho, deixa a realidade mais brilhante e luminosa. A paixão reflete na nossa cara e se espalha por onde passamos. Todo mundo vê imediatamente nossa harmonia. Quem olha os namorados diz: o amor é lindo.

Gosto tanto da palavra namorados que a uso até hoje. Porque meu desejo é lembrar a razão que nos fez ficar juntos no início e continuar com essa proposta. Crescer juntos e nunca esquecer o que queríamos ser. E aprender a manter a chama e a essência do que somos.

No encontro amoroso de duas pessoas existe uma energia particular. Um campo de amor. A força desse amor passa por todas as fases, percorre etapas, encontra desafios e os supera.

Um casal é uma entidade. Podemos ritualizar e sacralizar a beleza do amor, atentos para que a relação tenha uma raiz poderosa e seja cuidada para desenvolver seu melhor.

Que a gente nunca se sinta engessado naquilo que a sociedade espera de nós. Que nossos papéis sociais, posições e rótulos não nos transformem no que não somos.

Somos pessoas complexas, todos nós. Temos que nos trabalhar e trabalhar essa entidade que criamos juntos: a relação.

Cada estágio do amor é transitório.

Então vamos ser namorados com a mesma sensação de leveza e alegria vida afora. Vamos continuar rindo e brincando juntos, porque isso, sim, é sério e definitivo.

E que a gente nunca esqueça a razão pela qual resolvemos um dia ser namorados.

Como anda a sua sensualidade?

Vejo a sensualidade como parte intrínseca da nossa natureza. Ela está em nós, na nossa essência, desde o início dos tempos.

Pensem em quanto a sensualidade é importante e faz parte dos momentos fundamentais da nossa vida.

Com sensualidade descobrimos o amor e a nós mesmas. Com sensualidade fizemos filhos, nosso bem mais precioso.

Sensualidade não depende da estética, da aparência física, nem da imposição dos padrões da mídia. Não tem a ver com tendências, nem com comportamentos da moda, nem mesmo com os padrões morais da nossa sociedade.

Ela nasce dentro de nós, faz parte do nosso instinto primordial, desenvolve nossa intuição e afia a nossa intenção.

Nossa energia sexual é poderosa e como lidamos com ela a cada passo é uma escolha individual.

Ela está presente em toda a nossa trajetória, mesmo que às vezes, por motivos pessoais, fique escondida, encolhida dentro de nós. Existem fases em que o sensual fica afundado em algum lugar, encoberto de tal maneira que o perdemos de vista. Feito uma coisa que fica lá guardada, emoção sublimada ou substituída por alguma outra.

Se abandonamos essa energia de vez, ela vira flor que murcha na aridez da terra, música que esquecemos pra sempre de cantar. Um corpo sem movimento, alguém que nunca mais brincou.

A sensualidade independe de tempo, idade, circunstâncias, beleza, solidão e até mesmo do próprio amor. Mas está intimamente ligada ao amor-próprio.

Quando a gente se afasta da nossa sensualidade, se afasta também da autoestima, de uma sensibilidade que se reflete em nossa imagem.

Sabe aquele momento em que pinta um clima? Brisa quente de verão, tesão, aquele estado apaixonado que produz endorfina, dopamina, serotonina, ocitocina, testosterona e faz a gente sobrevoar baixinho vendo beleza em cada esquina da cidade. E a mente só consegue imaginar cenas de amor. Esse é o sopro de vida.

Mas sensualidade não se relaciona apenas com o sexo. Ela se manifesta em qualquer desejo. Não é só tesão, mas atenção ao prazer em todos os nossos sentidos, em qualquer circunstância. No delicioso sabor de uma fruta, na alegria de dançar sozinha no quarto quando ninguém está vendo, deixando o som vibrar e o corpo descobrir seu ritmo.

Na surpresa de sentir o arrepio de um toque, a textura, maciez, temperatura do contato.

Na emoção de contemplar uma paisagem que faz a alma correr livre.

A sensualidade está presente em tudo o que experimentamos e através dela sentimos o verdadeiro prazer de cada momento. Quando esquecemos o prazer, esquecemos uma parte de nós mesmas. Aquela que é capaz de transformar qualquer coisa, de tornar qualquer momento melhor.

De nos fazer enxergar as cores do mundo, a vida mais leve e bonita.

De acentuar cada emoção na sua magnitude.

A sensualidade e a espiritualidade caminham juntas. São parte daqueles fortes sentimentos inseparáveis dentro de nós.

Quando misturamos sensualidade e amor entramos num outro portal.

Encontramos um novo patamar de energia. Um novo movimento de estímulo e entusiasmo, uma chama permanente que nos conduz à plenitude.

É essa a chama que nos move e que não podemos nunca deixar se apagar.

Viva o tesão!

Muita gente me escreve dizendo que perdeu o tesão, tanto no sentido figurado como literal nestes tempos difíceis. E como disse o psiquiatra e escritor Roberto Freire: "Sem tesão não há solução."

Naquela época a discussão era outra. O tesão se opunha ao moralismo, à hipocrisia e à repressão. Era o desejo libertário de ir contra valores impostos por uma sociedade fechada, especialmente para as mulheres. Imagine que nos anos 60 o simples fato de ser desquitada condenava a mulher a um ostracismo social e sexual.

Hoje a questão da falta de tesão é outra. Precisamos vencer um desânimo generalizado, uma exaustão, um cansaço de lutar contra o noticiário cotidiano assustador e assistir de uma forma desconsolada a um cenário que provoca a nossa impotência.

Essa realidade dura e grosseira nos rouba a vitalidade e tenta apagar o fogo do nosso estímulo, o entusiasmo que mantém a chama acesa.

Vemos por aí o sexo usado com esse mesmo embrutecimento truculento, um tesão distorcido associado a um comportamento de vulgaridade que resulta em ignorância e violência. E não podemos nos identificar com isso.

Sinto que precisamos urgentemente resgatar a beleza do desejo. O tesão de viver, a maravilha do erotismo, da sensualidade, a delícia do sexo natural da vida.

Descobrir dentro de nós o que isso significa e saber respeitar nosso momento.

A energia sexual é uma força da vida. A pedra filosofal que nos transforma com seu prazer e sua alegria. Tesão é um misto de bom humor e uma doce loucura que faz um bem danado. Preste atenção: troque tensão por tesão.

Tesão não significa apenas transar. Na verdade, é compreender que a força vital do sexo representa a chave da nossa libertação. Quebramos nossas amarras com essa energia. Descobrimos a autoestima e o poder do sagrado feminino.

Mesmo quando nos sentimos distantes da ideia da sensualidade, mesmo em casa, de pijama, cara lavada, querendo colo, sopa e consolo, a energia sexual está dentro de nós, adormecida. Nem sempre precisa ser sexo desvairado, pode ser só carinho, pequenos gestos de ternura, de cuidado.

Você pode transcender, sublimar, estar em outra, ter interesses variados, não importa. Respeite seu momento e seu sentimento. Passamos por ciclos, períodos, mudanças. Cada tempo tem sua descoberta e sua beleza.

Sejam quais forem suas circunstâncias, é sempre tempo de reacender o tesão de viver que jamais se apaga completamente. Mesmo que esteja esquecido, escondido, mesmo se o coração estiver machucado, tudo o que vivemos foi importante para escrever a nossa história.

O amor é a nossa força renovadora, o verdadeiro elemento alquímico que nos liberta. Que nos tira do casulo que nós mesmos criamos.

Muda a estação, uma nova corrente percorre o ar e a gente sente a vibração.

Somos movidos a desejo, movidos a paixão. Essa é a nossa verdadeira natureza.

"L'amor che move il sole e l'altre stelle", escreveu Dante Alighieri em sua *Divina Comédia*. O amor que move o sol e as outras estrelas. O amor nos conecta a tudo e move todo o Universo.

É hora de despertar o amor que começa dentro de nós, deixar irradiar sua luz que nos transporta.

A orquídea sexuada

Fiz um close de uma orquídea e quando fui postar me censurei. Levei um susto comigo mesma porque detesto todo e qualquer tipo de censura. E me perguntei que grau de irracionalidade poderia censurar uma flor. Pode um inocente figo ser lascivo? Pode uma simples maçã induzir ao pecado?

A representação do sexo transborda em toda a natureza. A beleza dos desenhos é sugestiva, mas depende, é claro, da intenção do nosso olhar. Aliás, como tudo.

"Não vemos as coisas como são, vemos as coisas como somos", escreveu Anaïs Nin.

Atrás de todo julgamento existem valores morais. O que eu julgo me traduz. Fala mais a meu respeito do que sobre o que está sendo julgado. E é justamente aí que mora o perigo. Nem sei como me deixei influenciar por uma censura que nem é minha e não vou deixar que isso me acompanhe, nem reflita meu pensamento.

Na Grécia Antiga, todo desejo, mesmo ilícito, era atribuído diretamente aos deuses. Afrodite, deusa do amor, da beleza e da sexualidade, e seu filho Eros, ele mesmo, deus do erotismo e da paixão, eram responsáveis por todos os nossos desvarios.

Se somos frutos do sexo e existimos graças a ele, como pode a natureza constranger? Como pode esse design divino, tão belo, ser visto com um olhar de tamanha distorção e má intenção?

Oscar Wilde dizia que "Os que só veem intenções vis nas coisas belas são uns depravados, destituídos de encanto".

"A Origem do Mundo", um quadro de 1866 de Gustave Courbet, retratou o nu feminino frontal, foi banido e precisou ser escondido para que não o destruíssem. E só veio a ser exposto ao mundo mais de um século depois, em 1995, no Museu d'Orsay, em Paris, onde atualmente está.

Por que algo tão natural como o sexo feminino causou tamanha reação? Como podemos sentir vergonha da origem da vida, do desenho do sexo de uma mulher, do lugar de onde saímos para a luz?

Como podemos nos desconectar assim da nossa própria natureza?

Como consequência, toda censura, toda repressão acaba gerando uma reação maior e contrária, uma vulgarização. Nem Afrodite e Eros saberiam o que fazer diante desse consumismo fast food do sexo.

Não que seja uma coisa nova, a História é cíclica. Segundo a Bíblia, cidades inteiras como Sodoma e Gomorra foram destruídas pelo excesso de sexo, ganância e vício.

Valores distorcidos nos atiram desgarrados no vazio das almas, perdidos de nós mesmos. Depois do excesso e do desgaste, nenhum desejo se salva. Afinal, entre o cansaço insaciável dos sites pornôs e a imensa quantidade de nudes enviados nas mensagens, para onde vamos?

O bom é que a natureza e a arte se renovam constantemente, apesar de todos os ataques que recebem. O tesão também se renova e é preciso transformar o olhar capaz de condenar a pintura de um corpo, a sexualidade de uma orquídea. Rejeitar o olhar moralista que condena a liberdade.

O erotismo é feito de delicadezas e é preciso recuperar isso. Existe, sim, sensualidade no desenho divino de uma orquídea, na curva de um quadril, num ombro, na mordida de uma maçã. Um simples olhar dá tesão, um jeito de corpo, um sorriso. O senso de humor que nos faz rir juntos. Tesão nasce no pensamento, quem percebe isso me compreende.

Numa sociedade que se embrutece no consumismo voraz do sexo, busco o equilíbrio entre a sutileza e a chama acesa.

Vamos discutir a relação?

Por que é tão difícil? Por que os relacionamentos são tão frágeis? Por que tantas vezes falhamos na arte de amar? E queremos tanto acertar que continuamos tentando, mesmo com o coração machucado e um fio de esperança que dessa vez dê certo.

Será que estamos preparados pra uma coisa que a gente idealiza mas que nunca vem pronta do jeito que a gente quer? Será que sabemos o que queremos num mundo de tantas tentações, questionamentos, dúvidas? De tantas projeções, condicionamentos, de tudo o que nos ensinam, nos impõem como felicidade a dois?

Existe um enorme investimento emocional e tempo dedicado, querendo compreender um lance que não tem nenhuma regra, nenhuma bula, nenhum folheto de instruções. E a gente vai, de tentativa e erro, achando caminhos que façam o relacionamento funcionar.

Queremos tudo fácil, mas tudo é complicado e, como ninguém é tão paciente assim, mais simples é desistir. Basta um único obstáculo para fazer tudo desmoronar.

Não dá tempo de o amor crescer. Jogamos tudo fora antes disso.

Porque é preciso sacrifício, compromisso, diálogo. Existem inseguranças, incertezas, mal-entendidos. Fora todas as ciladas em que vamos cair, mesmo sem querer.

Porque a gente quer emoção, tesão, paixão. E, quando a vida bate de frente, assusta.

Será que é possível compreender verdadeiramente uma pessoa? Nos silêncios mais profundos, nas sombras da alma, nas dores que vieram conosco, aquelas que nós mesmos mal compreendemos.

Em geral, ninguém gosta de discutir a relação. Daquela conversa que invade a madrugada e é um balanço de verdades que podem ser duras, doer, incomodar. Podem se transformar em acusações, acabar em brigas. É preciso muito cuidado, muita delicadeza, porque estamos em carne viva, as feridas podem estar abertas e tem que ter amor pra curar.

É interessante pensar que muitas vezes é mais fácil contar nossa intimidade para um profissional, trocar confidências com amigos ou até com um estranho, do que essa confissão verdadeira entre duas pessoas que se amam.

A relação precisa dividir projetos, compartilhar histórias e sonhos. Cada um precisa trazer encanto mesmo quando a vida anda sem encantamento. Juntos pro que for, tempo ruim, assunto emaranhado, problema complexo. Não é só a emoção do instante, o desejo que inflama, a euforia. É depois, quando a excitação da aventura passa, a festa termina, a chama tá fraca. É em casa, com gripe, tosse, pijama, febre, insônia, olheira, medo. É quando a ilusão desaparece. Quando as coisas não funcionam, o esperado não deu certo e entra um desânimo pela janela.

Juntos não só na comemoração, mas no choro da derrota. Temos que passar as piores ondas, superar a força da rebentação e aí, sim, encontrar um lugar sereno e seguro. Um mar transparente.

Virão novas tempestades, crises, um mar revolto. Debaixo dos temporais vamos nos sentir ainda mais juntos, venha o que vier, vamos resistir cada vez mais unidos.

No instante delicado da vulnerabilidade, em que o jogo da conquista muda de tom e a relação entra num novo lugar, esse é o momento em que a raiz se fortalece. O início do amor incondicional.

Vamos nos tornar verdadeiros cúmplices. A cumplicidade do amor é a construção sólida que nos faz parceiros de vida. Relacionamentos vêm e vão, podem ser breves, dar certo por um tempo, desaparecer ou durar muito mais e nos surpreender. O amor é um mistério e pode tudo. Toda forma de amor é um milagre. As coisas não são definitivas e a única certeza é a mudança. Não sabemos o que vai acontecer, nem podemos mudar o que acontece. Vamos aprender a mudar a nós mesmos. Aprender que o amor precisa começar dentro de nós. Só quem aprende a se amar vai poder amar e ser amado sem ter medo de perder. Porque não existe perda, existe movimento.

A difícil arte de escutar

Uma relação pode ser mais madura e equilibrada se a gente prestar atenção no modo como fala e escuta. Num mundo ideal as pessoas deveriam se comunicar de maneira positiva, clara, afetuosa e transparente. E aprender a ouvir atentamente, sem julgamentos, ansiedade, impaciência ou conclusões precipitadas. Parece impossível?

Venho de uma família italiana em que todos sempre falavam ao mesmo tempo e ninguém parecia escutar ninguém, mas, misteriosamente, todos se entendiam naquele modo intenso de viver. Quando eu era criança, nem sabia que podia ser diferente. A primeira vez que eu vi uma conversação com pausas, em que um falava e o outro ouvia em silêncio antes de responder, foi no cinema. Aquilo me marcou. Parecia outra civilização.

Demorei muito a aprender a grande arte de não interromper e foi um grande esforço. Treino até hoje. Exercito a paciência de escutar até o fim mesmo o que já entendi, sem me deixar tomar pelo imediatismo do que quero dizer.

Discutir qualquer relação deixa a gente com os nervos à flor da pele. Brigas mexem com a saúde do nosso sistema nervoso. A ansiedade e a impaciência são as principais inimigas de qualquer diálogo produtivo. E quem briga perde a razão logo de cara.

Toda comunicação ansiosa é truncada, fragmentada, e cada palavra vem com uma carga emocional, uma história que se repete e cria mal-entendidos. Cada frase traz uma conotação de coisas não resolvidas que foram se acumulando em algum sótão dentro da nossa cabeça.

Egos se digladiam na pressa de falar, sentimentos se atropelam. Perdemos as nuances, as delicadezas, as sutilezas que nos habitam. E são esses sentimentos amorosos que deveríamos trocar, ao invés de asperezas, opiniões pontiagudas e afiadas que atingem como flechas, machucam, ferem, nos fazem sangrar por dentro.

Hora de mudar. É um bom momento para limpar tudo isso dentro de nós, jogar fora esse peso que carregamos inutilmente. Tudo o que provoca raiva, tristeza, ressentimento, mágoa e dor. Limpar e criar um novo caminho, um novo fluxo para o diálogo por onde a energia possa fluir com leveza.

Em alguns momentos teremos que deixar nossas verdades e certezas de lado para compreender diferenças de opinião. Só quando a visão de cada um for respeitada, mesmo se for oposta à nossa, conseguiremos conviver em harmonia.

Quando a gente se esforça para melhorar a comunicação, cuida não só do que diz, mas da maneira como diz. O jeito de falar tem que vir de um lugar conciliador e não de enfrentamento.

Aprender a escutar o outro com atenção, mesmo sem concordar, é um começo.

E é possível dizer tudo o que se quer com honestidade se a gente usar gentileza, humor e um pouco de mel para atenuar as palavras. Todo mundo respeita sinceridade, franqueza e convicção, desde que não seja uma atitude imposta. Não adianta ter razão agressivamente.

Na batalha dos egos não existe vitória. Os dois perdem.

Escutar é uma forma sábia de amor. Uma arte difícil que ajuda a pacificar qualquer discussão. Falar amorosamente e ouvir com paciência faz uma imensa diferença.

A percepção das palavras

As palavras carregam sua história, seus significados, mas para cada um de nós elas trazem um sentimento, uma conotação. Cada uma mexe de uma forma particular no nosso emocional. Existe uma estranheza nas palavras, no que elas escondem. Como uma flor selvagem e rara, um animal à espreita que se deixa entrever, mas não se revela enquanto não sente confiança e intimidade.

Existe uma beleza de assombro nas palavras, quase um susto que nos intimida diante da força desse esplendor. Existem dores, tragédias, ofensas, segredos que se ocultam, existem vozes que sussurram juntas em cada palavra. Mesmo quando elas são solitárias, esquecidas em algum banco de jardim, em volta de cada palavra esvoaçam sentidos, como borboletas invisíveis. Circulam fantasmas, sombras, medos.

Com palavras formamos pensamentos, tentamos traduzir sentimentos, explicar nossas razões, compreender o intrínseco e complexo da natureza humana. E mesmo assim as perdemos, elas evaporam diante de nós e somos abandonados sozinhos numa estrada que nunca alcança o invisível, impalpável, o éter das palavras.

A metafísica do mundo busca palavras. A concepção do mundo precisa delas. O desejo de explicar o inexplicável, o nebuloso que existe dentro ou fora de nós e que não está em nenhum lugar. Caminhamos no deserto das palavras e não há direção possível. Não há mapa e nem mesmo as estrelas nos orientam. E vamos enfrentar o que vier, cavar com as mãos na areia, tentar abrir túneis submersos, passagens subterrâneas, recuperar o oculto, manuscritos antigos que se dissolvem ao menor contato com a luz.

As palavras são feitas dessa matéria sem nome e atravessam o tempo. Passam por gentes e gentes e gentes e se modificam sem perder a essência, aquilo que são no cerne, no ponto mais profundo, onde não se chega.

No fundo do conceito da palavra existe uma ética, uma beleza que se transforma conforme quem a toca, e ela nem sempre se entrega a quem a pronuncia.

A palavra traz o orgulho de ser entidade, verbo do divino. E desde o início era o verbo. Por isso exige imensa devoção. Exige mergulho, prostração.

Quem quer tocar a palavra, mesmo que não alcance a magnitude em que ela se dissolve, precisa se despojar de maneira total, se entregar e ficar à mercê de seus caprichos sutis.

Precisa ser leve e ficar em suspenso para se deixar levar pelo fluxo de sua correnteza. Assim, as palavras nos transportam e nos surpreendem.

Essa viagem me comove porque, quando deixo de ser eu mesma e sigo com devoção o movimento que elas traçam, é como se eu não existisse, fosse apenas uma partícula diante do êxtase de uma dança invisível no ar, translúcida e brilhante.

Tudo desaparece para que as palavras sejam soberanas, donas do acaso, da fatalidade, e a elas obedecemos.

Nossa entrega é plena. Elas, como fadas de luz, descortinam universos. Percorrem planos que existem desde o começo do mundo, tudo o que se conheceu, se conhece e se perdeu na memória.

A narrativa de todos os tempos é feita de palavras.

Elas se revelam e nos revelam nossa própria paixão.

Elas nos prendem e nos tornamos espíritos livres.

Quem tem medo de que você mude?

Existem várias razões que impedem nossas mudanças. A maioria delas tem a raiz no medo. Não só o nosso, mas o medo dos outros de que a gente mude e saia do alcance deles, ou de dentro da caixa segura que eles criaram para nós.

Quantas vezes você ouviu alguém dizer "você mudou" ou "isso não é pra você" ou "você não é assim" e centenas de outras frases que no fundo significam a mesma coisa: "Fique onde você está."

Se eu não mudei, por que você quer mudar? Se você deixar de ser quem eu conheço, no que você pode se transformar?

Se você sair do perímetro que eu tracei, para onde você é capaz de ir?

Ninguém se sente seguro com nosso crescimento. E nem sempre por medo de que a gente sofra, mas por medo de ser deixado para trás.

A transformação da borboleta não só quebra o seu casulo. Ela agora quer liberdade, flores e outras borboletas.

Por que mudar é tão difícil?

Não queremos abandonar amigos, família, nosso lugar. O voo pode ser solitário e nada é garantido. A gente mesmo deixa uma segurança confortável já conhecida, onde podemos nos acomodar sem correr riscos.

Mas a principal pergunta é: o que descobrimos dentro de nós ainda se relaciona com o que estamos vivendo, ou não mais?

Estamos aprisionados numa situação que já não corresponde ao que sentimos?

Uma parte nossa sempre vai permanecer. O amor da família, o carinho de velhos amigos e o nosso lugar, porque isso está dentro de nós.

A mudança não significa deixar isso tudo. Você pode mudar onde você está ou sempre esteve.

Não é necessário sair, porque nem sempre muda o lugar. O que está se transformando são suas ideias, seus sentimentos, seus desejos.

Aquilo que você é vai tomando uma nova forma. E nós não somos apenas os papéis que temos na vida: filha, aluna, colega, amiga, mãe, profissional ou o que quer que a vida nos traga.

Existem coisas dentro de nós que nos são reveladas aos poucos e a gente sente que são fundamentais.

A gente não pensa mais do mesmo jeito.

A gente não precisa querer mais as mesmas coisas.

Vamos passando pelas fases da vida e é natural ir deixando coisas pelo caminho. Fazendo escolhas. Descobrindo novas maneiras de ser, além das que nos foram impostas.

Você muda e tanta coisa se torna lembrança, saudade. Você pode voltar e rever, pode gostar novamente. Mas você é outra pessoa.

Não se entra duas vezes no mesmo rio, como ensina Heráclito. Mudamos nós e muda o lugar.

É claro que a gente queria manter intactos certos sentimentos.

Quem não gostaria de tomar aquele sorvete de milho que tomou na infância? Deitar na grama de um parque que virou prédio? Reencontrar amigos que perdeu?

Nossa memória emocional deixou certas sensações intactas.

Não vamos reviver aquelas, mas vamos construir novas sensações a cada etapa. E guardamos com afeto camadas de memórias.

A cada mudança vamos somar novas emoções. Descobrir novos mundos dentro de nós. Ver revelado tudo o que podemos ser.

Mudar sem medo nos ensina tanto que vamos dizer: "Ah, se eu soubesse o que sei agora..."

Porque a vida é uma lição de humanidade.

Isso significa crescimento.

Afinal, de quem é a culpa?

Pare de culpar você mesma, de culpar os outros, de dizer que a culpa é do pobre Saturno retrógrado que está a mais de um bilhão de quilômetros da sua casa e desconhece a sua pessoa.

Quem pode ser responsabilizado se nada deu certo pra você essa semana? Você poderia estudar Feng Shui e culpar os móveis.

Poderia se achar vítima de algum malefício, praga, encosto, mau-olhado. Inveja de algum parente, energia atravessada de uma amiga, efeito da fofoca de uma vizinha, alguém que botou seu nome na boca do sapo, seu retrato em alguma encruzilhada.

A gente precisa de alguma coisa que justifique. Pois é, quem é que vamos culpar?

Uma série de pequenos infortúnios pode ser resultado de uma conjunção do seu signo, da passagem pelo inferno astral, da necessidade urgente de um passe, uma bênção, uma limpeza espiritual. Alguém precisa buscar resposta numa leitura de Tarô, precisa consultar os búzios, perguntar para os santos, rezar novenas, fazer promessas, penitências.

Precisa marcar uma sessão de emergência e enlouquecer a terapeuta com um monólogo desesperado, beirando o desatino, enquanto ela parece incapaz de acompanhar seu raciocínio, entediada, inexpressiva ou fria demais para compreender seu drama.

Pode ser TPM, menopausa, puerpério? Por acaso você entrou em casa com o pé esquerdo? Algum objeto que você ganhou está trazendo aquela coisa que é o oposto da sorte, mas você nunca, jamais, diz essa palavra?

Pode ser essa merda de noticiário com uma avalanche de notícias terríveis que afetam sua vida diariamente e intoxicam seus pensamentos?

Se você derramou o leite, queimou o arroz, se o bolo solou pode ser isso. As guerras que acontecem do outro lado do mundo acabam reverberando até dentro do seu forno.

É uma situação insustentável. Tudo dando errado de um jeito que parece que você passou embaixo de escada, quebrou um espelho, vestiu a roupa do avesso, deixou o chinelo virado, cuspiu na cruz. Senão o que é que explica tanta adversidade no seu caminho, tanta pedra vindo na sua direção?

Pare. Feche os olhos. Respire. Não adianta buscar culpados porque o caos se instaura quando nos desconectamos do nosso fluxo. Paramos de estar presentes e de prestar atenção no fluir do nosso caminho. Deixamos de ler os sinais, de tentar decifrar os símbolos em volta de nós.

A vida é cheia de mensagens constantes, e as pessoas que nos cercam sempre são um reflexo, uma lição. A gente precisa olhar até aquilo de que não gosta, tanto em nós como nos outros.

Quando a gente encara as dificuldades que se apresentam tudo vai ficando mais claro.

Até a simples organização da bagunça de um armário, de uma gaveta, não só nos ajuda a pensar, como ainda dá uma ordem nos sentimentos confusos e sempre traz um pequeno presente, uma recompensa pelo nosso empenho. A gente encontra um objeto que considerava perdido, uma lembrança gostosa. Sempre me acontece.

A vida está em desordem, nada flui nem dá certo? Jogue sua melhor energia no mundo que até Saturno é capaz de ficar feliz.

O chapéu de cada um

Minha avó dizia para minha mãe, que repetia para mim:
"Cada um cumprimenta com o chapéu que tem."
Quando criança eu não entendia muito bem que chapéu era esse, porque ninguém que eu conhecia usava chapéu. Precisei crescer para enxergar a abrangência do significado e entender a força que minha mãe queria que eu tivesse: ser eu mesma.

Ainda adolescente, comecei a prestar atenção no comportamento de outras mães de amigas minhas e tentava fazer comparações.

Em geral, com a cumplicidade da família e até das amigas mais íntimas, elas tentavam parecer mais do que eram. Queriam casar as filhas com caras ricos e para isso sabiam que era preciso salvar as aparências. Algumas se endividavam para aparentar ter o que não tinham e gastavam mais do que podiam para corresponder à imagem que a tal sociedade parecia exigir.

Na minha casa era exatamente o oposto. Minha mãe nunca me preparou para um bom casamento; queria que eu estudasse e tivesse uma profissão, sem depender de homem nenhum. Meu pai queria que eu tivesse acima de tudo liberdade. E em casa ninguém tentava parecer coisa alguma. A gente era o que era e pronto. Quem quisesse que aceitasse assim.

Muitas vezes eu morria de vergonha de tamanha autenticidade. Queria que minha família fosse um pouco mais como as outras, que se preocupasse em aparentar, mesmo sem ser. Naquela época eu tinha as minhas razões para isso. E achava que as outras mães estavam mais certas do que a minha, com aquela estranha história do chapéu.

Só muitas décadas depois concordei plenamente com a minha mãe. Entendi que fingir dá muito trabalho, um cansaço profundo, e não adianta se esforçar porque não dura. Não se sustenta. A verdade sempre vem à tona.

O tempo revela, mostra quem somos e não tem jeito. Melhor para quem se preparou, mostrando logo de cara o que era.

Minha mãe, por exemplo, genuína em tudo o que fazia e dizia, achava normal remendar o sofá se o tecido estivesse esgarçado, e eu que desse um jeito de repetir as pouquíssimas roupas que tinha. Ela queria que eu aprendesse que meu valor não dependia disso. E que vergonha devia ter quem rouba e não quem tem pouco.

Minha mãe foi se tornando a mulher mais poderosa que já conheci. Foi se ampliando, ocupando com tanta propriedade a sua própria verdade que ao seu lado ninguém conseguia sustentar uma máscara. Era impossível fingir.

E assim fui construindo minha vida sem me dar ao trabalho de tentar ser o que estava fora do meu alcance.

Não consigo aparentar o que não sou, não quero mostrar o que não tenho nem quero ostentar o que possuo.

Tudo o que tenho é resultado do meu trabalho, como queria minha mãe. E pratico o exercício constante da minha liberdade, como queria meu pai.

Vivo por amor. Cumprimento com o chapéu que tenho, do jeito que sou e tudo é. Gosto de enfeitar a vida pelo prazer de ver as coisas bonitas. A sinceridade me aproxima de tal maneira das pessoas que minha verdade desarma gente defensiva, transforma energia pesada e faz cada momento valer a pena.

Querer e não querer

Outro dia, depois de uma palestra, conversei com um grupo de estudantes sobre escolhas. A preocupação deles era não saber o que querem nem pra onde ir. E ao mesmo tempo ter que lidar com tantas pressões e obrigações que a sociedade vai impondo no caminho. Muitos não se sentem bem com as opções que se apresentam. A coisa não é nada clara, a cabeça fica confusa e a insegurança aumenta.

A gente não precisa logo de cara saber o que quer; aliás, essa é uma grande tarefa para a vida toda. A cada minuto, a cada esquina, a cada encruzilhada, a gente tem que fazer escolhas. Cada momento é uma transição e parece que a nossa liberdade fica por um fio.

Mas liberdade não significa necessariamente saber o que se quer nem pra onde ir. Até porque nossos desejos mudam à medida que avançamos. Ser livre não implica ter descoberto o caminho, porque a gente vai conquistando a liberdade a cada passo, mesmo sem saber para onde vai. O fundamental é não sermos obrigados a seguir direções que não queremos de jeito nenhum.

O poeta português José Régio, em seu maravilhoso "Cântico Negro", escreve:

Não sei por onde vou
Não sei para onde vou
Sei que não vou por aí.

Esse poema traz a rebeldia de não aceitar a direção que nos obrigam a seguir, de não deixar que nos transformem naquilo que não queremos ser.

O "não" já é um forte ponto de partida.

Aprender a dizer não e tirar da frente tudo o que não queremos já ajuda muito a limpar a área e a nossa visão.

Começar sabendo o que não se quer e sacando o que a gente não é tira da frente um monte de coisa que não nos interessa. E facilita as nossas escolhas.

Liberdade significa não aceitar caminhos e padrões impostos, rótulos, papéis, comportamentos e regras com as quais não nos identificamos. Não ser o que não nos traduz.

Uma boa parte da felicidade resulta em descobrir o que se gosta, ter a liberdade de fazer isso constantemente e aprender a gostar de tudo o que somos obrigados a fazer. Em descobrir quem a gente quer ser e trabalhar para se tornar essa pessoa.

Essa é uma escolha primordial e uma maneira de se orientar na vida.

Em qualquer situação, independentemente das circunstâncias, temos essa possibilidade.

Isso é um privilégio, é uma perspectiva, um jeito de olhar a vida, seja sua vida qual for.

Somos todos interdependentes e estamos todos conectados. Mesmo assim, não precisamos nos tornar aquilo que os outros querem que a gente seja, se essa não for a nossa verdade.

Nossa missão é esta: decifrar o que somos e queremos, entender nossas emoções, crenças, desejos, vontades, fraquezas, nossas loucuras, nossos medos, toda a complexa teia de sensações que faz de nós quem somos. Isso não é um luxo, é um direito.

Seguimos caminhos difíceis, vamos errando, complicando, porque é assim mesmo que descobrimos aos poucos a nossa identidade.

A gente embarca numa jornada sem ter ideia do nosso rumo e do que nos espera. Se joga sem ter noção de onde isso nos levará. Descobrir o que não se quer deixa mais simples encontrar nossos desejos.

Acho que aquele famoso verso de Antonio Machado resume bem isso:

"Caminhante, não há caminho, se faz caminho ao andar..."

O novo luxo

O luxo mudou. Existe um novo conceito moderno do que é o luxo supremo. Os antenados estão ressignificando não só a palavra, mas as suas atitudes em relação a esse conceito.

A mudança de comportamento neste novo milênio mostra uma nova consciência no mundo. Toda grande transformação começa quando ocorre uma mudança de valores, e é isso que estamos vivendo.

Aos poucos, mesmo os mais desatentos, os mais conservadores, mesmo os novos ricos deslumbrados com sua escalada social vão perceber que o luxo agora é outro.

Então o que significa luxo nesta era contemporânea?

O novo luxo é ter Saúde. Liberdade. Tempo. Ter espaço neste planeta atulhado, ter hortas orgânicas, respeitar e amar os animais, observar o trabalho das abelhas, ter água limpa, rios e mares limpos, matas nativas e florestas preservadas, biomas naturais.

E quem pode se dar esse luxo?

Quem pode cuidar de sua saúde física, mental, emocional, psíquica e espiritual? Quem pode ter a liberdade de ser o que é, sem se preocupar com a opinião de ninguém? Quem pode ter tempo de fazer o que gosta e gostar do que faz?

Ter tempo de flanar, pensar, se dedicar a observar a beleza das coisas, de criar beleza nas coisas, de descobrir o mundo? Tempo de dançar sozinho, olhar demoradamente um pôr do sol? Cuidar dos bichos abandonados e ter uns bichinhos pra chamar de seus? Tempo de cuidar de jardim e poder plantar muitas árvores? Tomar um café num fim de tarde, escutar música e ler um bom livro? Tempo de conhecer, descobrir e amar as pessoas? De fazer amor com todo o tempo do mundo? De acordar de bom humor e acreditar que é possível, é sempre possível, e que estamos aqui para presenciar pequenos e grandes milagres?

O novo luxo é ter paz de espírito, consciência tranquila, meditar e sentir aquela felicidade que nasce dentro de você, não importa o que aconteça do lado de fora.

O novo luxo é saber que para ser feliz temos que desejar que todos possam ser felizes também. Não carregar o peso de sentimentos ruins e pensamentos negativos, mas deixar que eles passem como passam as nuvens escuras pelo céu.

O novo luxo é saber ser gentil com pessoas que você não conhece, com empregados, funcionários, estranhos na rua. Respeitar o outro independentemente de sua posição social, etnia, cor ou credo.

Respeitar o ser humano que cada pessoa é.

O novo luxo é tentar entender quem pensa diferente, quem é diferente de nós. É saber que violência sempre gera violência e esse é um beco sem saída.

O novo luxo é admitir sua fraqueza, perdoar seus erros e se divertir com seus defeitos. Saber que nosso encanto é essa mistura de tudo, muitas vezes confusa e desajeitada, mas sempre tentando ir pelo caminho do bem.

Todos temos falhas, todos fazemos bobagens, dizemos coisas que não queríamos ter dito, e saber pedir perdão é sempre libertador.

Uma das conquistas do novo luxo é essa plenitude.

O novo luxo é experienciar, vivenciar, aprender. O novo luxo é conhecimento. Uma visão abrangente sobre o mundo em que vivemos e nossa passagem por este lindo planeta azul. Esse é o grande patrimônio, e não acúmulo material.

O novo luxo faz de você um novo ser humano, sua busca é evoluir e ser melhor. Sua busca é ser mais feliz.

O novo luxo não é ter: é ser.

Esse estranho chamado desejo

Uma das coisas que mais me intrigam no ser humano é o desejo.

E certos desejos nos lançam em situações capazes de estarrecer o bom senso. Uma paixão alucinada de fazer, por livre escolha, aquilo que a maioria de nós, em sã consciência, jamais faria. Uma coisa deliberada considerada uma loucura inexplicável, uma vontade tão imperativa que desafia o medo, o risco, o perigo e até a morte.

Tem gente movida por uma paixão que a leva a um permanente confronto com a morte. Ao prazer da aventura de vencer esse desafio. Lobos solitários em seu extraordinário enfrentamento.

Gente que se arrisca por absoluta devoção aos próprios sonhos. Por esse estranho chamado desejo.

Podem parecer loucos para a maioria, mas são grupos de pessoas que querem realizar uma coisa extrema, enquanto o restante de nós, espantado, acha maluco e tenta entender o porquê.

Surfando uma daquelas ondas gigantes, tipo 24 metros, na praia de Nazaré, em Portugal, Maya Gabeira caiu e foi arrastada pelas águas. Sua equipe de resgate tirou-a inconsciente do mar. Por uma mínima fração de tempo teria morrido. Para qualquer ser humano, muito menos do que isso resultaria num tremendo trauma irrecuperável, suficiente para a pessoa nunca mais pisar nem na beira do mar.

Mas o desejo é soberano e nem ver a morte de perto pode

mudar isso. Tanto que um ano depois Maya volta e bate o recorde feminino na mesma praia, surfando sua maior onda gigante. E continua competindo e vencendo.

Não menos espetacular, o holandês Wim Hof fez o mergulho mais distante debaixo do gelo, desafiando as temperaturas mais extremas. Numa dessas, congelou as córneas, nadou cego e foi retirado semi-inconsciente. E mesmo assim não desistiu.

Ou Alex Honnold, um alpinista que escala montanhas com uma técnica chamada free solo, a mais perigosa forma de subir encostas íngremes, completamente sem cordas e sem proteção. Sua escalada do impressionante El Capitán, um monólito de quase mil metros no Parque Nacional de Yosemite, foi registrada num documentário que leva o nome da técnica: *Free Solo*.

Nessa mesma montanha, Zuko Carrasco fez também uma brilhante escalada free solo, usando só as mãos, pois suas pernas se tornaram dois pesos mortos depois que uma queda o deixou paraplégico. Durante uma semana enfrentou todo tipo de problema, de desidratação a feridas profundas, e nada o fez desistir.

Assim como a nadadora Diana Nyad, já considerada idosa para uma atleta, não desistiu mesmo após quatro tentativas malsucedidas. Na quinta conseguiu nadar de Cuba a Miami num perigoso trecho de mar aberto, sob ameaça constante de tubarões e com terríveis queimaduras de águas-vivas por todo o corpo.

Lindas mulheres como a brasileira Carol Schrappe e a italiana Alessia Zecchini bateram recorde de mergulho profundo em apneia, esporte de grande risco. Muitas já foram tiradas da água num estado de apagamento e mesmo depois de acidentes voltam e continuam.

Acompanhei de perto Amyr Klink e seu prazer de atravessar oceanos, solitário, passando mais de nove meses preso no gelo da Antártida, isolado num minúsculo veleiro, debaixo das tempestades geladas do Polo Sul. Sua família extraordinária às vezes embarca nessas aventuras. Sua filha Tamara, jovem e linda, surpreende a todos, viajando sozinha e enfrentando o gelo do Mar do Norte no seu pequeno barco *Sardinha*. Talentosa, escreve em seu diário a dor e o prazer do desafio.

Todos que vivem o extremo da vida só encontram sentido quando se entregam ao desejo de ir além do limite.

Cada combate é consigo mesmo. Revela mais sua vulnerabilidade e seu poder. O autoconhecimento é a descoberta da disciplina da liberdade.

A busca

Desde sempre na vida o meu grande desejo era descobrir as Leis do Universo. Lembro que eu usava exatamente essa expressão, acreditando que existiam algumas leis ou princípios no Universo que regiam tudo. Seriam poucos e, uma vez descobertos, poderiam ser aplicados a tudo e facilitariam enormemente essa complexa arte de viver.

Eu era maravilhada diante do mistério. E continuo sendo.

Eu sabia que não ia me tornar uma cientista pela minha pouca paciência com os números. Mas era fascinada pelas teorias.

Achava que os números só vinham depois, para validar esses achados, essas grandes ideias que seriam provadas com a precisão da matemática.

Eu queria descobrir, mesmo que nunca pudesse provar isso pra ninguém. E nem contar pra alguém, já que nenhuma das minhas amigas tinha o menor interesse no assunto. Isso era só meu, pessoal. Seria minha orientação no caos do mundo, me ajudaria a escolher quando eu estivesse confusa. Isso, que eu nem sabia o que era, seria meu norte.

Passei a vida toda questionando coisas.

E comecei cedo. Lembro que na escola, na época da primeira comunhão, um padre veio nos preparar. Logo na primeira aula, aquele senhor de batina preta com resquícios de caspa e um leve sotaque italiano tentou explicar a concepção de Maria e o nascimento de Jesus. Tema polêmico. Levantei a mão várias vezes para fazer perguntas. Na minha tenra idade, eu apenas queria entender.

Não demorou muito pra ele ficar de saco cheio e dizer, quase ríspido, que religião é algo em que se acredita ou não. E ponto final. Não cabe fazer tantas perguntas. Minha intenção não era irritar o padre, eu tinha dúvidas genuínas, mas percebi que era melhor ficar quieta.

O padre começou a aula seguinte dizendo que se alguém tivesse outra religião poderia sair da classe. Vi ali uma oportunidade de antecipar o recreio e ter uma hora livre só pra mim. Mesmo sendo de família católica, levantei e saí, superando o receio de ele me perguntar de que religião eu era. Eu não conhecia nenhuma outra naquele momento.

E assim não fiz a primeira comunhão e nunca coloquei uma hóstia na boca. Aos 9 anos desafiei a Santa Igreja Católica. Na Idade Média eu seria condenada pela Inquisição.

Felizmente meus pais eram liberais e não davam muita importância às convenções. Mais tarde, em várias ocasiões, tentei me reconciliar com alguns dogmas e fiquei amiga de vários padres.

E continuei minha busca, conversando com intelectuais, lendo livros complexos, estudando um pouco das religiões, alquimias e filosofias que me trouxessem alguma luz.

Visitei ruínas, templos e museus acreditando que a magia e o mistério da Antiguidade pudessem me revelar alguma coisa.

Talvez nossos ancestrais tivessem descoberto uma maneira de se conectar com um poder maior. Talvez tivessem decifrado esse mistério e deixado vestígios. Eu olhava com emoção para símbolos, ideogramas, insígnias e tentava compreender significados ocultos. Me sentia atraída por alguns como se houvesse uma espécie de reconhecimento.

O êxtase que senti diante do mistério permanece. E hoje sei que o tempo é a grande revelação.

Só com o tempo as Leis do Universo se revelam. Elas são simples e a gente compreende que estavam ali o tempo todo, mas nós ainda não estávamos prontos.

A busca é o que nos prepara para esse ofício que leva a vida inteira.

A mágica da serendipidade

Serendipidade é a arte de encontrar uma bela surpresa quando na verdade se buscava outra coisa. Descobrir algo maravilhoso assim por acaso, por sorte... Se bem que o acaso e a sorte só acontecem para quem acredita neles e está preparado e pronto para se aventurar.

Quando a gente se abre para o desconhecido, deixa o controle de lado, permite que a vida nos surpreenda positivamente.

Todo descrédito e todo pensamento negativo formam uma espécie de barreira no fluxo dos acontecimentos. Impedem o acaso de te procurar com aquele jeito distraído, dissimulado, mas cheio de planos pra você.

Para quem quer saber a origem desse anglicismo, *serendipity* foi um termo criado pelo escritor Horace Walpole, no século XVIII, a partir de um conto persa, "Os Três Príncipes de Serendip", nome do antigo Ceilão, hoje Sri Lanka. Na história, eles descobrem soluções acidentalmente, por acreditarem na vida.

Serendipidade acontece com frequência na ciência, na química, na medicina, quando, buscando um propósito, chega-se casualmente a descobrir uma nova cura ou invenção.

Esse fenômeno, essa capacidade de encontrar o inesperado, acontece quando nos colocamos num estado de certa liberdade de se jogar na vida. Quando seguimos flanando sem tensão, mas com muita atenção e tesão, na direção do que queremos.

Faz parte da busca querer uma coisa e encontrar outra pelo caminho. Mas, para que essa surpresa se revele, precisamos de flexibilidade. Ter o espírito aberto, disposto a perder o que se queria e a mudar de rumo.

Isso não significa falta de foco, mas diminuir o desgaste quando as coisas não acontecem como a gente quer. Aprender a surfar nas ondas, saber flutuar sem lutar contra a correnteza, compreendendo como lidar com as circunstâncias. Porque toda rigidez nos afoga.

Olhe pra trás na sua vida, pense e me responda: quantas coisas você quis e não aconteceram?

Em compensação, quantas outras coisas ótimas aconteceram justamente como consequência daquilo que não deu certo?

Quantos aparentes fracassos acabaram trazendo inesperadas vitórias?

Foram sempre necessárias algumas derrotas para que conquistas acontecessem. Muitas vezes nem percebemos, porque estamos tão ocupados olhando o problema que não conseguimos conectar os pontos para enxergar o grande desenho da solução.

Escrevi num livro que "as fadas só aparecem quando a gente está relaxada". Eis o segredo. As coisas só acontecem quando a gente deixa fluir. Só ganha quem aceita perder porque a aceitação é a grande chave.

Não estamos no controle, mas precisamos ter propósito e ação, um pouco levando a vida, um pouco deixando ela nos levar. Com certeza ainda vamos ter muitas surpresas boas, basta a gente ficar aberto ao imprevisto, ao prazer do acaso e confiar na sorte.

Na extraordinária aventura do desconhecido, deixar a mágica da serendipidade acontecer.

Flanar por aí

A gente parece que não acredita mais em tempo livre. Tempo livre virou sinônimo de capacidade ociosa, não produtiva, de desocupação, desperdício.

A ideia de não fazer nada parece tediosa ou inútil para tanta gente. Se por acaso temos tempo, vamos preencher imediatamente com atividades ou nos sentimos culpados.

Pois venho aqui fazer uma defesa da *flânerie*.

Flânerie vem do francês e é o ato de passear, flanar. Sair caminhando sem rumo certo numa cidade, Porto Alegre, Xangai ou Paris, olhando por onde passa e se deixando encantar, mesmo com coisas conhecidas, como se visse tudo pela primeira vez.

Esse novo olhar abre uma nova perspectiva. Desenvolve a capacidade de estarmos presentes no aqui e agora, de contemplar, apreciar, deixar um pouco a vida nos levar.

Às vezes precisamos disso.

Ser *flâneur* significa ser andarilho errante, caminhante. Alguém que passeia sem direção específica, sem mapa, sem objetivo de chegar. Alguém que perambula, um transeunte, um observador.

A gente nem se lembra de quanto esse seguir sem rota é necessário. Se entregar ao momento traz uma leveza que quase nos faz levitar.

Precisamos disso porque nosso cotidiano é repleto de coisas pra fazer, um monte de tarefas diárias, sem um momento em que podemos nos dedicar a não fazer nada.

Lembro quanto flanei pelas margens do Guaíba, sentei para olhar o pôr do sol e me deixei ficar ali, com meus pensamentos diluídos diante da beleza.

Quem primeiro me guiou por essas caminhadas foi o nosso amado Mario Quintana, para quem as ruas de Porto Alegre eram quase um esconderijo. Um anjo que percorria a cidade em silêncio escutando a fala oculta dos corações e escrevendo sua poesia nas nuvens.

Desde então faço isso sempre que posso em qualquer lugar: me deixo ir, levada pelo sopro, pela brisa, pelo prazer de pequenas descobertas.

O ato de flanar, de deslizar pelos lugares sem pressa, sem meta, como se tivesse todo o tempo do mundo. E atravessar parques e ir devagar pelas calçadas, como se não existisse horário nem compromisso, só o prazer de ignorar as horas e seguir.

Continuar até perceber que o sol está baixando e uma luz crepuscular deixa o céu dourado. A mesma luz se reflete nas janelas e na emoção das pessoas, e daqui a pouco é noite.

Sei que não estamos em tempos de andar assim pelas ruas noturnas, que esse prazer hoje se tornou perigoso, e na ideia de flanar não cabe medo nem insegurança.

Voltar pra casa é parte do prazer de ter ido.

Agora seu lugar de sempre merece um novo olhar e certas coisas ganham valor. Seu cantinho preferido, sua planta, um objeto que veio daquela viagem.

Quando você se dá de presente uma tarde despreocupada, sua noite tem um novo significado.

Você se sente acolhida, aprecia a chegada, o banho quente, o moletom, o cobertor. O gato no colo.

Pela janela começam a piscar estrelas e seu olhar tenta encontrar uma miríade de constelações, mesmo atrás das nuvens.

Agora você conquistou seu melhor tempo, aprendendo a desfrutar o prazer de sua própria companhia.

Um felino andarilho no telhado

O que escrevo vem de uma janela com vista para muitos telhados e muros carcomidos. Foi assim que comecei a ver o mundo, olhando os telhados através da janela do meu quarto, e sobre eles se depositava uma leve poeira diária de melancolia e liberdade.

Daí fui abrindo novas janelas e prestando atenção em novos céus.

Às vezes queria um céu cinzento que não perturbasse a solidão e as cores esmaecidas dos telhados.

Gostava de tardes silenciosas, abandonadas, que pareciam sem acontecimentos. Gostava particularmente de céus inesperados que iam escurecendo, pesando suas nuvens carregadas. E eu corria para fora para receber a energia daquele momento intenso que antecede a tempestade. Era assim, sozinha debaixo desse céu, que eu me deixava invadir pelo prenúncio de um temporal.

Existe uma força palpável nesse momento. Eu abro os braços, olho o céu e abraço a tempestade que virá.

Sinto que me dissolvo do que sou e me torno parte de tudo que me cerca.

Abraço raios, sou o poder dos trovões e, quando a chuva vem, sou a chuva e escorro em tudo que posso. Agora o mundo é meu.

Saí da segurança do meu quarto e sou o mundo.

Um pouco mais tarde, nas minhas primeiras viagens, descobri cidades como Paris, Lisboa, Roma e tantas outras, que foram se apresentando pra mim pela beleza dos telhados. Eu identificava os telhados como faria um felino andarilho, com uma intimidade amorosa.

Ao armazenar as imagens com suas respectivas sensações, acho que compreendi a memória emocional. Um arquivo de impressões, o fotograma de cada momento, associando suas imagens aos sentimentos que me causavam. E, cada vez que eu acessava esse arquivo pessoal, tudo voltava tão vívido que eu podia sentir a temperatura, a umidade, o cheiro de cada memória. Cada impressão tem seu sabor próprio, a madeleine proustiana com o gole de chá abre a chave de um portal.

Tudo o que vi, vivenciei, experienciei, tudo o que sei está dentro de mim, dentro desse painel imenso de pixels impresso em mim. E em cada pixel, no movimento de átomos e células e sparks, os hormônios regem a dança de tudo o que sinto.

Sou grata aos telhados da janela da minha infância que permaneceram comigo, como sou grata a todas as fotografias subjetivas que fiz ao longo da jornada, com a lente da minha percepção. Aos filmes interiores feitos por minha emoção.

Tudo o que penso, digo, faço e crio é banhado pela beleza dessas imagens que carrego. São as águas do rio dentro de mim. Sempre que posso mergulho nele, bebo dele e me deixo levar.

Vejo a vida com esse filtro, meus sentidos absorvem sensações de felicidade. Esse prazer que permanece inalterado traz correntes de sentimentos que percorrem meu corpo como eletricidade.

Coleciono filigranas, simplicidades, sou feita desses fragmentos invisíveis que desenham minha visão, meu humor, meu espírito.

Sempre que quero acessar esse lugar percebo que ainda sou aquele felino andarilho, movido pela curiosidade, em busca de novos telhados pelo mundo.

Uma viagem para longe aqui mesmo

Quem sente saudade de viajar se lembra sempre dos melhores momentos, das fotos mais legais, de todas as delícias e esquece todos os perrengues. E quando se lembra deles acaba rindo, transformando num fato pitoresco. Atrasos, filas da alfândega, mala perdida, trem errado, multa no carro alugado, o péssimo humor do garçom num restaurante caro e de comida ruim, até aquele golpe em algum mercado exótico. Todas as histórias viram casos de autodeboche para contar pros amigos.

O que a gente mais gosta da viagem é aquela sensação de liberdade, a quebra de rotina, a mudança de paisagens e horários, nenhuma obrigação de fazer as tarefas cotidianas. A leveza de uma certa irresponsabilidade e uma avalanche de informações e acontecimentos que trazem novas ideias.

Mas, se não der pra viajar, talvez tudo isso esteja ao nosso alcance agora, mesmo sem sair de casa, do bairro ou da cidade.

A gente pode acordar amanhã e olhar tudo de um jeito novo. Olhar em volta de nós como se fosse um novo lugar, olhar as mesmas coisas conhecidas com aquela surpresa da primeira vez.

Experimente. Imagine seu quarto como o quarto gostoso de um hotel cuja cama, lençóis e travesseiros você adorou. Olhe pra suas velhas coisas como se você nunca tivesse visto nada daquilo.

Tome um café em frente à janela, olhando o céu. Escolha alguma fruta que você adora, compre quem sabe um croissant, prepare um cappuccino. Ouça uma música, pra variar.

Quando sair pra rua, leve alguma coisa que você não costuma levar, uma echarpe especial, um brinco, algo que te traga a sensação de um passeio. Se curtir passe um batom, um rímel, um perfume. Afinal é pra você e mais ninguém esse prazer.

Olhe pra rua, a mesma em que você passa todos os dias, com um suspiro, uma nova respiração. Sinta o vento leve no rosto, a emoção de encarar um lugar desconhecido, desses que a gente precisa de um mapa pra se orientar.

Olhe cada árvore, cada janela, cada portão como se você nunca tivesse passado por ali.

Agora feche os olhos, respire fundo. Deixe seu olhar demoradamente perdido no céu, acompanhando o movimento das nuvens, os reflexos da luz em cada planta, no verde de cada folha. Você viajou para esse lugar diferente e precisa desfrutar cada momento.

Tudo na vida é uma questão de perspectiva. Quando visitamos um lugar novo, estamos mergulhados na nossa fantasia da viagem, embebidos pela ideia que o tal lugar representa no nosso imaginário. Paris é uma festa, Nova York é excitante, Marrakech é tão exótica. Essas imagens são inebriantes muito antes de a gente conhecer essas cidades. Veneza é romântica, Roma é belíssima e mais de 40 séculos nos contemplam nas pirâmides do Cairo.

Tudo bem, tem coisas que não dá para competir. A história tem o poder de nos transportar com sua força milenar. Talvez nossa cidade não tenha tantos atributos, mas tenho certeza de que tem seu valor pra qualquer turista, para quem ela não é rotina.

E mesmo a maioria dos que moram nesses lugares icônicos já se acostumou e nem olha mais aquilo tudo que o turista vê.

Se você procurar, em cada canto do mundo vai encontrar deslumbramento. E os tais perrengues de viagem são nossos perrengues do dia a dia, que a gente também pode olhar com humor.

Se você for capaz de recriar a sensação de aventura andando pelo seu bairro, se maravilhar com as flores inesperadas em algum muro, achar a mesma graça comprando frutas na feira, você vai ter acesso a esse prazer secreto sempre que quiser.

Você acredita que já viu tudo na sua vizinhança? Com certeza não. Faça um tour na sua casa, na sua rua, no seu bairro. Tem muita coisa pra ser descoberta aí mesmo onde você se encontra. Na verdade, tem muita coisa pra ser descoberta na sua alma. Aproveite o clima e seja esse viajante fora e dentro de você.

Boa viagem.

Um lugar para você

Existem lugares da nossa vida que carregamos dentro de nós aonde quer que a gente vá. Lugares que conhecemos e podemos rever sem estar lá. Lugares que são fontes permanentes de sentimentos, de uma memória que, mesmo esmaecida, nunca se perde. Lugares de infância, uma lembrança de amor, uma saudade. Impressos em nós como uma foto que nos acompanha.

Existem aromas quase perdidos que a gente identifica numa brisa. Momentos que são uma espécie de oração, uma prece silenciosa, um respirar profundo como que para resgatar sensações desse canto que faz parte da nossa vida.

Todos temos lugares assim. Mesmo que a gente nunca mais volte, podemos visitar cada um fechando os olhos e nos deixando transportar para aquilo que talvez já nem exista mais.

Há uma calma, um clima, um cheiro, uma cor, um silêncio. Talvez alguém cantando ao longe uma música que nem conseguimos identificar.

Talvez esse lugar tivesse um eco de gritos de crianças, talvez nós mesmos fôssemos essas crianças, talvez tivesse uma estrada de terra, charrete, poeira, calor.

Ou estivesse em nós esse calor depois de tanto correr, brincar, explorar, depois dos sustos, das chuvas, das trovoadas, das fogueiras, das histórias de assombração.

Talvez nem exista esse lugar e a gente nem sequer tenha ido lá. Mas carregamos memórias de coisas que a gente nem conhece. Você também, não é assim?

Todo mundo carrega um pedaço de terra dentro de si. Porque sem essa sensação ficamos desenraizados, e sem nossas raízes a força se esvai.

Mesmo que seja um lugar imaginado, um lugar de fuga, onde a gente se esconde quando precisa sair, sumir, abrir as asas e se deixar levar para uma amplidão de paz.

Você precisa carregar uma cachoeira com você para mergulhar quando as coisas ficam difíceis. Talvez um rio da sua infância, um açude pra se jogar em alguma água e limpar seus pensamentos, aliviar a sua tensão.

Você precisa ter na cabeça um lugar que te faça bem, porque se essa imagem estiver ao seu alcance você sempre pode recorrer a ela quando precisar, e se deixar levar.

Tente se lembrar desse lugar e se não tiver nenhum invente o seu. Crie um que traga uma boa sensação. O sonho é particular e você dá a ele o desenho e o colorido que quiser.

Você escolhe sua paisagem e faz dela o seu pequeno refúgio.

Meditação é isso. Pode ser isso se te ajudar. Existem várias maneiras de meditar e todas fazem bem.

Sempre que puder, se sentir necessidade, recorra ao seu jardim secreto. Enfeite seu cenário como quiser. Você pode fazer uma amálgama de lugares que são importantes nos seus afetos, significativos para sua emoção.

Pode misturar todas as coisas de que gosta, porque esse lugar só precisa existir dentro de você pra te fazer feliz.

Encontre uma posição confortável, feche os olhos. Respire fundo várias vezes e troque a tensão do dia pelas delicadezas que moram no seu imaginário.

Ocupe o espaço dos medos, da ansiedade, dos pensamentos

negativos, com essa nova luz que existe atrás das nuvens, mesmo daquelas escuras.

Crie asas, sinta um sopro divino e se deixe voar.

A moeda mais valiosa

Sou daquelas que acreditam na confiança e na palavra das pessoas. Parece ingênuo? A realidade é outra? Isso não existe mais no mundo?

Cada um tem suas razões para não confiar. Por isso existem tantas brigas, processos acumulados, tanta discórdia, tanta mentira, fake news, tantos golpes, que não dá pra bobear.

Eu mesma assino contratos que me parecem exagerados, com infinitas cláusulas que partem do princípio de que vai acontecer o pior.

É claro que existem pessoas nas quais eu não confio. Minha intuição me diz isso logo de cara. Mas quando sinto essa desconfiança me afasto delas imediatamente. Aí não tem acordo. Por melhor que seja o negócio, por mais vantajosa que pareça a oportunidade, não confio e me afasto. Na verdade, escolho pessoas e não contratos.

Porque acredito que existe muita gente boa no mundo. Sei que estão por aí lutando pela verdade, cumprindo sua palavra, honrando compromissos, acreditando na justiça. Gente para quem valores são importantes. A ética orienta a vida dessas pessoas. Cada decisão tomada obedece a princípios que estão escritos na alma e sustentam sua paz de espírito.

Sei que todos nós ao longo da vida fizemos muita bobagem. Prometemos e acreditamos e tantas vezes as coisas tomaram outro rumo. Nós nos enganamos, nos frustramos, sofremos algum tipo de golpe, ficamos decepcionados e decepcionamos também.

Mas existem tratos que a gente faz com a gente mesmo, independentemente das nossas circunstâncias. Tratos existenciais.

Você mantém uma conduta de comportamento, aconteça o que acontecer.

Aprendi com meus pais a ser uma pessoa de caráter. Recebi deles uma espécie de Tábua de Esmeralda invisível, onde o certo e o errado, mesmo em tempos confusos, me mostram a direção que me orienta.

Você mantém sua palavra. Respeita um acordo. Você é confiável.

Esses princípios são a base sobre a qual se constrói o caráter de uma pessoa.

Existem princípios até nas guerras, mesmo que facínoras, psicopatas e regimes totalitários ignorem isso.

Existem princípios rígidos até entre bandidos, no mundo do crime. Quantos filmes de máfia já vimos em que a palavra dada vale uma vida? Cada um vai cumprir o que prometeu, acima de qualquer coisa.

Sei que no grau descomunal da violência que nos cerca esses valores se tornaram uma ideia romântica. Mas são eles a única possibilidade de a gente não naufragar como indivíduos e como sociedade.

Se a gente deixar a violência, a brutalidade, a truculência, a impunidade e todas essas distorções vencerem a confiança entre as pessoas, vamos perder tudo.

Outro dia, um amigo me disse que eu era uma pessoa inocente.

Perguntei o que significava inocente pra ele.

Ele disse que eu só via o lado bom das pessoas.

– E isso é ruim? – perguntei.

– É inocente – ele respondeu.

Acredito que ver o lado bom acaba fazendo a pessoa trazer à tona o seu melhor para tentar corresponder. E, se desperta o melhor de alguém, isso se torna um círculo virtuoso.

Eu confio, vejo o melhor e o melhor acontece.

Confiança é a moeda mais valiosa.

Você tem um segredo?

Segredo é aquilo que você só conta pra uma pessoa. Essa pessoa também só conta pra uma pessoa, que conta pra mais alguém e assim por diante. E o seu segredo se torna uma fofoca subterrânea, velada, que se comenta aos sussurros até que um dia, assim como a força das águas arrebenta o dique, a sua privacidade explode e se espalha nas redes sociais.

E, como quem conta um conto aumenta um ponto, seu segredo passou por muitas bocas, autores, colaboradores, gente criativa que, com imaginação, o tornou ainda mais atraente, divertido e inusitado. E aquilo que você um dia, por impulso e confiança, passou adiante agora volta pra você, num efeito bumerangue, só que com uma história agregada completamente surpreendente.

Todos gostamos de segredos. Sem eles não existiria literatura, dramaturgia, conflito. Pessoas carregam segredos por uma vida, famílias compartilham segredos, crianças adoram segredos.

Como os gatos, somos todos muito curiosos.

A curiosidade é uma das forças mais motivadoras para o nosso crescimento.

Mas por que temos segredos?

Provavelmente porque infringimos alguma lei social, moral ou de valor pessoal.

Escondemos coisas que acreditamos poder nos ferir ou ferir

alguém. Machucar nossas relações, pessoais ou profissionais, nossa imagem, nossa conduta. Ter consequências que tememos.

Eu estava em Los Angeles quando Jack Nicholson, um dos maiores ícones do cinema mundial, descobriu, por meio de um repórter durante uma entrevista para o *Los Angeles Times*, que sua mãe biológica era na verdade sua irmã June e que Ethel, que ele acreditava ser sua mãe, era sua avó. Um segredo guardado durante décadas no coração dessas duas mulheres para se protegerem de uma sociedade puritana acabou revelado e exposto na mídia. Jack ficou chocado e revoltado com as pessoas que tanto significavam para ele. Isso deteriorou sua confiança em todas as mulheres e seus relacionamentos.

Você pode imaginar quantos segredos se escondem atrás de cada janela iluminada de uma cidade? Quantos se espalham pelos campos, pelas pequenas aldeias, espremidos dentro da alma de cada um que os carrega?

A liberdade e a transparência de ser o que somos e revelar nossa verdade para o mundo vêm sendo conquistadas aos poucos, mas seu preço pode ser ainda muito alto. A dor e o sofrimento que cada um se impinge escondendo alguma coisa também podem custar caro demais. Podem custar uma vida.

Nosso meio social deveria nos ajudar a expandir nossa alma, e não ser a nossa prisão.

Seja o que for, erro, desafeto, crime, traição, seja sua identidade, sua orientação sexual, seu desejo, sua mudança, suas novas escolhas, existem milhões de pequenos e grandes segredos, de mentiras que pesam e nos sugam, de fatos que drenam a nossa energia.

Estamos neste planeta de passagem. Viemos para nos conhecer e nos expressar, ocupar nosso espaço, descobrir nossa missão.

Temos que conquistar o direito de ser quem somos e unificar o que a gente é, pensa, faz e diz.

Você tem um segredo? Talvez todo mundo tenha um segredo. Ou mais de um.

E quem tem segredos está sempre diante de um dilema. De um lado gostaria de poder se libertar desse peso e expor aquilo que o aprisiona. Do outro, o medo de um terrível julgamento pode se tornar um novo peso e uma nova prisão.

Que caminho você sugere?

Traições e mentiras

Vamos pensar juntas. Um dia você descobre que o marido de uma grande amiga sua está tendo um caso. E ela não tem a menor suspeita disso. O que você faz?

Existe alguma regra que a gente possa aplicar? Contar ou não pra amiga que o marido a está traindo?

Você pensa em mil coisas. Será que o caso é sério? Será que é o primeiro, foi um deslize ou ele faz isso sempre? Será que no fundo ela já sacou e não sabe como lidar?

Você precisa decidir. Respira e escolhe não se meter.

Talvez ela não queira descobrir, não queira ter que tomar uma atitude, não queira sofrer.

Você fica calada e não comenta nem com outras amigas. Ninguém tem nada com isso. A história é de cada um e é a própria pessoa quem a escreve.

Mas, mesmo em silêncio, você presta atenção. Fica em estado de alerta, na vigília, esperando alguma coisa explodir a qualquer momento.

Você viu o tal marido sair à noite de um restaurante com a outra. Você mal viu a outra, porque você se escondeu, mas a postura era clara. Mão no ombro, na cintura, aquele clima.

Era ele com certeza, mas talvez você tenha tirado uma conclusão precipitada. Pode ser um jantar de trabalho, uma colega, sei lá… Seria essa prova suficiente para incriminar alguém?

Sei que os detetives têm feito muito sucesso ultimamente e estão por trás de uma porcentagem imensa de separações.

Homens e mulheres desconfiados contratam seus serviços e eles desmascaram a situação com bastante rapidez.

O tesão deixa as pessoas irresponsáveis e levianas. Elas pensam menos antes de se expor a riscos e vão deixando pistas. Mesmo achando que estão na surdina, na calada, fazendo tudo escondido, a aventura fala mais forte.

E quem trai acaba sendo presa fácil, documentado em vídeo feito por canetas que filmam, rastreadores, escutas. Hoje em dia é muito fácil seguir alguém neste mundo totalmente vigiado e sem privacidade.

A vida moderna facilitou bem o trabalho de um bom investigador.

Mas quem ia ter coragem de sugerir à minha amiga contratar um detetive?

De repente o alerta chegou sem que ninguém precisasse dizer nada. De um jeito bem simples e cotidiano. Ele entrou no chuveiro e deixou o celular na mesa. Pintou um recado, ela viu as primeiras frases na tela.

Doutor Antonio do banco: *Amor, vou atrasar um pouquinho, depois te falo, saudade... te amo...*

Só que o tal Doutor Antonio, que tem quase 80 anos e seis netos, jamais escreveria coisas assim.

O canalha cantarolava no chuveiro. Antes mesmo de encarar o problema ela sentiu o coração apertar de um jeito que doía demais.

O marido mentiu e você, como amiga, mentiu também, porque não teve a coragem de falar para ela e prepará-la para essa dor.

Mas são dilemas: contar ou não contar? Eis a questão.

Ela pode acabar perdoando o cara e não te perdoar por ter contado ou por não ter contado.

No fim ele negou e não saiu de casa, nem naquela noite nem em qualquer outra. Pra provar que não tinha ninguém na rua que o esperasse.

E você também não disse uma palavra. Guardou seu segredo e rezou pra ela ser feliz.

Agora me diz, o que você faria?

Gaslighting

Você já teve uma relação abusiva? Já se sentiu oprimida de alguma forma, sem saber o que fazer?

E mesmo assim se deixou ficar por alguma razão que nem sabe explicar? Medo, culpa, temor, pena, esperança, falta de confiança, a sensação de que sozinha você não seria capaz, de que sozinha você não se sustenta.

Talvez tenha ficado pelos filhos, acreditando que ia melhorar, que eles precisavam de família. Tantos pensamentos e sentimentos foram te paralisando e impedindo de tomar uma decisão.

A mente cria desculpas porque o medo é o nosso maior inimigo. O medo mina a alma, a vida, a possibilidade de ser feliz. E todo mundo merece ser feliz.

Se antes de apertar a mão de um homem fosse possível prever que algum dia aquela mesma mão poderia se erguer contra você... Se aquela paixão não fosse condescendente, não deixasse de enxergar os sinais, não negasse as evidências cada vez mais claras...

Se as mulheres pudessem escutar sua voz interior e não estivessem tão preocupadas com as mazelas do cotidiano, tão ocupadas em resolver os perrengues da vida, tão cansadas com a quantidade de tarefas diárias, exaustas demais até mesmo para sofrer... Será que isso mudaria?

Por que tantas mulheres acreditam nessa falsa ideia de ser

submissa, obediente, de sofrer calada e nem se sentir segura para dar sua opinião?

Acham que é normal ser constantemente desvalorizada em seu trabalho fora e dentro de casa, que aliás é um trabalho enorme e deveria ser remunerado. Todo homem deveria ser educado para sempre fazer a parte dele. E isso não significa ajudar. Viver junto é colaboração a dois. Significa dividir tarefas e somar qualidade de vida.

Isso tudo não é destino. Não pode ser aceitação, conformismo, acomodação. Esse tipo de comportamento precisa ser banido da nossa sociedade. E não é uma exceção. É uma regra.

Quando a gente vê as estatísticas, se surpreende que esse estado de coisas esteja presente em muito mais casas do que a gente imagina, e em todas as camadas sociais.

Na verdade, o machismo predomina. Estamos no século XXI, conquistamos coisas inimagináveis em outras épocas e ainda assim existe uma infinidade de mulheres sofrendo em uma situação inadmissível.

Tempos atrás conheci uma garota linda, jovem, classe média, que trabalhava como modelo, ganhava seu dinheiro e de repente parou tudo.

Casou apaixonada. Parecia feliz para os amigos e pra família, uma história romântica e perfeita. Teve a primeira filha e sumiu.

Continuava dizendo a todos que estava tudo bem, que o casamento era ótimo e nada indicava o contrário.

Só que ela escondia os hematomas. Escondia de todos sua dor, sua vergonha, o absurdo que estava vivendo. A manipulação dele era tamanha que ela foi enfraquecendo cada vez mais. Não reagia. Acreditava na distorção de que ele fazia isso por amor. E, cada vez que ele se mostrava arrependido, a fazia acreditar que a culpa por ele agir assim era dela.

Às vezes era acordada no meio da noite com violência física

e psicológica, mas não gritava por medo de acordar a menina. Então se submetia aos maus-tratos, ao sexo violento, a ir para a cozinha preparar comida e lavar o chão no meio da madrugada.

Não contava nada disso a ninguém e, o mais inacreditável, achava que ele tinha razão.

Quando a encontrei tinha conseguido o milagre de cair fora e trabalhava em uma associação de ajuda a mulheres em situações abusivas.

O caso dela era extremo, mas existem muitos graus de violência que impedem a mulher de se conscientizar de que é vítima.

E esse é de fato o principal problema, a conscientização, seja de violência física, psicológica ou verbal. É comum o homem fazer a mulher acreditar que ela é louca, que exagera as coisas e tem problemas mentais. E todos em volta começam a achar isso também.

Seja óbvio ou sutil, esse absurdo existe nas mais diversas esferas. Existe em todas as classes e lugares do mundo e ganhou até um nome nos Estados Unidos: *Gaslight*, baseado num famoso filme dos anos 1940.

Esse mecanismo está presente em livros, filmes e tem até uma série sobre isso, com a Julia Roberts. É uma história verídica que aconteceu na elite política americana.

Se alguém se identificar com alguma coisa, está na hora de criar coragem e dizer: relação abusiva nunca mais!

Recuperar o amor-próprio, escrever sua própria história, parar de usar as reticências e colocar um ponto final.

Fim do amor

É muito fácil lembrar com clareza o início de uma relação, o entusiasmo, a surpresa e toda uma série de conjecturas que acompanham o amor que começa, mas é quase impossível definir quando exatamente as coisas terminam. Porque o amor não acaba de forma abrupta, mesmo que para alguns possa parecer assim.

As relações vão terminando aos poucos, se diluindo, perdendo a nitidez, sumindo como um arco-íris no horizonte, mas às vezes um dos dois não está olhando para o céu.

Uma amiga querida me procurou aturdida e ainda chocada, sob o impacto de uma simples frase do marido que de repente implodiu tudo o que ela chamava de vida. Detonou numa explosão interna tudo o que ela construiu, e ela me repetia o que ele disse sem preâmbulo, sofrimento ou remorso:

Pra mim, acabou.

E saiu de casa.

Não levou nada, mas levou o chão em que ela pisou durante anos, e agora se sentia caindo sem ter noção de pra onde essa queda a levaria.

Chorava e repetia sem parar: *23 anos...*

Conversamos noite adentro, pois é pra isso que servem as amigas, mesmo que nada que eu pudesse fazer ou dizer fosse consolo.

Levou mais de um ano pra ela se dar conta de indícios no comportamento dele, inúmeros sinais que ela simplesmente ignorou, não percebeu, não estava prestando atenção. E a coisa veio.

Outros dois amigos, ambos divorciados, viveram um tórrido affair, um caso de verão, paixão e sexo que era visível pra qualquer um. Pareciam brilhar no escuro, sorriam por todos os poros, felizes, davam a sensação de transpirar ou de ter acabado de sair do banho cada vez que apareciam juntos.

Durou um tempo e foi se diluindo, desbotando, perdendo a cor. Estamos nos separando, ela me confidenciou, com pena de ver aquela efervescência se dissipar. Mas disse que se sentia conformada, porque não dava para segurar tanta intensidade.

Mas uma noite, depois da separação, se reencontraram e por causa da lua, de umas estrelas, umas taças de vinho, foram sentindo aquela emoção subir pelo corpo e queimar novamente. Saíram do bar e foram direto para um hotel, a ocasião merecia surpresa, refinamento, bons lençóis e um ambiente neutro e perfumado. Mesmo assim, com isso tudo, o sexo pela primeira vez foi desajeitado, estranho, não se encaixava. Pararam, se olharam meio tristes e dormiram em seguida.

Amanheceu um dia nublado, cinzento, sem cor, que refletia o que eles sentiam. Tinham deixado as cortinas abertas e tudo em volta pareceu pálido, desfocado, a cara da relação. Um certo embaraço no ar e a pergunta silenciosa: *Pra onde foi tudo aquilo?*

Não sei como acabou desse jeito, não percebi, ela me confidenciou, com uma certa tristeza.

Muitas histórias são parecidas no final.

Algumas explosivas, com brigas, gritos e ameaças até a ruptura. Outras vão se perdendo, mudam despercebidas, sem mostrar seus sintomas e sinais.

O amor chega ao fim quando paramos de prestar atenção.

Quando não conseguimos expressar o que sentimos e nenhum dos dois compreende.

Algumas chamas viram névoas. O amor se transforma em neblina e já não conseguimos mais enxergar.

Manual para corações machucados

Para um coração machucado é preciso um mapa, porque a sensação é de estar perdido. A gente se perde, perde a noção de identidade, se vê andando sem rumo pela casa. Nem percebemos nosso emocional abalado, sobressaltado a cada memória, uma sucessão de momentos passados que armazenamos e agora estão guardados num lugar que não existe mais e que cismamos em manter dentro de nós.

A rotina de repente parou. A desordem de tudo espalhado reflete a nossa desordem mental. Tocamos coisas que nos lembram de uma história que já não há, com alguém que já não está. O caos da ausência.

A gente precisa de um mapa que venha com um manual de instruções. Manual para corações machucados. Que aponte a direção de cada passo, lugares para evitar, passagens para desviar, lista de assuntos proibidos, coisas para não olhar.

Um manual que recomende novas ações, novos projetos, atitudes, ideias, mesmo sabendo que ainda não é hora, que ainda nada disso é possível.

Por enquanto o esforço é para sair da cama, onde um lado agora permanece intacto. Levantar a cabeça do travesseiro molhado de lágrimas e perder a noção do tempo. Dar passos incertos, sem objetivo claro. Fazer exatamente o oposto do que uma réstia de bom senso recomenda: se livrar de tudo o que dói. Mas a dor é justamente o que nos sustenta. Esse fio metálico e cortante de lembranças doloridas que nos segura.

Você se apega a essa mistura de cenas e as remói em looping, como um vídeo que recomeça sem parar. Uma mala esquecida, rodando numa esteira, que ninguém vem buscar.

Você tem essa impressão de que sobrou, de que agora é desnecessária, ninguém precisa de você. Todos se foram e você ficou. Está sozinha numa estação remota e perdeu o último trem.

Você precisa se livrar desses pensamentos involuntários, mas eles voltam e se repetem, obsessivos e voluntariosos, e te dominam.

Você precisa amontoar esse lixo todo e jogar fora. Deletar tudo, limpar até o menor resquício que te machuca.

Precisa rasgar, cortar, apagar cada foto que dói. Cada pensamento, cada detalhe que você insiste em lembrar, dói. Dói o que foi e dói o que restou. E essa sensação de não ter saída sufoca.

Você sabe que precisa sair desse limbo, se livrar desse conflito de forças contraditórias, parar de se alimentar do que te envenena.

Mas como se joga fora parte da sua história? Como interromper esse filme que você já assistiu tantas vezes e continua vendo, mesmo que cada fotograma te machuque?

É preciso que nesse manual conste um relatório de comportamento para apaixonados no abandono, que ensine a existir depois de um adeus. Regras para seguir, estudar, obedecer. Um código de sobrevivência para casos de solidão.

Abrir as janelas, mudar o ar, deixar entrar o sol, respirar. Respirar profundamente para vencer a ansiedade que encurta o fôlego e provoca aflição.

Mudar o olhar, a perspectiva, arrumar a casa, limpar, comprar flores. Tomar um banho como quem toma chuva, as lágrimas misturadas na água que escorre, a água que lava emoções invisíveis.

Começar a sobreviver nas coisas miúdas, a passinhos de bebê. Fazer uma breve oração com palavras singelas. Deve existir um deus das pequenas causas, um que cuida apenas de corações machucados.

Com quem você fica?

Quando casais de amigos queridos se separam, é um momento difícil e dolorido para toda a família e também para nós, os amigos.

Numa hora dessas, a gente para na encruzilhada diante da questão: com quem ficar?

Porque, na partilha das coisas, o casal divide livros, objetos, a guarda dos filhos, mas ninguém pensa nos amigos. Ninguém se lembra de determinar com que amigo quer ficar.

Os amigos, é claro, mesmo sofrendo e se esforçando pra manter a imparcialidade, sabem que vão ter que decidir.

No começo conversamos com os dois separadamente, escutamos a mesma história inúmeras vezes em diferentes versões, tentamos acalmar, consolar, dar esperança e nenhum veredito.

No fundo temos a fantasia que a briga pode ser passageira, que vamos sair todos juntos novamente, que é possível, sim, continuar amigo dos dois.

Mas, depois de muitas crises, choros, acusações e dos papéis do divórcio assinados, a gente sabe: precisamos decidir com qual dos dois vamos ficar.

É uma espécie de pacto velado. Nada é colocado explicitamente, nenhum deles vai te perguntar ou cobrar isso. Mas eles sabem, eles sentem, e você também, que é hora de tomar uma decisão.

Uns ficam com quem conheceram primeiro, ou preferem o mais divertido, o que bebe e dá risada ou o que cozinha melhor, ou com aquele que ficou com a casa de praia, ou, na incapacidade total de escolher, a gente simplesmente se afasta dos dois.

Depois de escutar pacientemente as confidências deles, de dar razão aos argumentos antagônicos e concordar com as razões contraditórias de cada um, chega a hora de tomar partido.

Você esgotou tudo o que é possível dizer para consolar pessoas cuja escala emocional oscila do perdão ao ódio brutal, do grande amor aos planos de homicídio.

Frases entrecortadas por lágrimas: vamos ser civilizados, ninguém tem culpa, reações são imprevisíveis, não existe vilão nessa história, pensem nas crianças, e todas as inúmeras versões do que vem à cabeça, essa ladainha normal de clichês, tentando ajudar a superar o caos dos sentimentos.

Mas agora a gente sabe, não dá mais para adiar: tem que optar por um dos dois. Apoiar, torcer e amparar apenas um deles. Virar cúmplice de um e automaticamente colocar toda a culpa no outro. O único e verdadeiro culpado de tudo é aquele que você não escolheu, afinal agora aquela separação amigável virou um divórcio litigioso e eles nem se falam mais.

Depois de tantas separações de amigos, tantas conversas noite adentro, garrafas de vinho, confissões, segredos e dores, descobri que, independentemente de quem é meu amigo há mais tempo ou de quem é o mais próximo e com quem me identifico mais, eu sempre acabo ficando do lado das mulheres.

Não importa se erraram, enganaram a si mesmas, não leram os sinais, não viram o óbvio, mesmo quando discordo delas ou não faria o mesmo, escolho as mulheres.

A vulnerabilidade é um fio invisível que une todas nós. Todas nós tentamos nos equilibrar e nos segurar nesse fio e, se a gente não puder contar com as amigas nessas horas, vai contar com quem?

Eu fico com elas, as mulheres.

Sororidade

Uma amiga querida me ligou de repente numa manhã e disse: "Perdi tudo o que eu tinha. Minha casa inteira queimou e tudo, absolutamente tudo, virou cinzas."

Eu vinha acompanhando apreensiva daqui de São Paulo os grandes incêndios na Califórnia que avançavam com ventos e clima seco e tinham chegado a Malibu, onde ela morava.

No verão, o deserto californiano costuma pegar fogo e não chove nunca. Por isso existe um forte esquema para proteger os residentes e suas casas. Quando a área está sob risco, a saída é emergencial, todos os moradores precisam abandonar de imediato suas casas e têm um tempo limitado para pegar tudo o que querem salvar.

Com ela tudo aconteceu no meio da noite. Veio o aviso e minha amiga, sozinha, correndo, pegou as duas filhas, os cachorros e o gato, documentos, computador, celular e mais algumas coisas que, sob pressão, pareceram essenciais. Enfiou tudo no carro e partiu.

Naquela madrugada caótica, entre chamas e forte fumaça no caminho, entre bombeiros, polícia e moradores atônitos, ela atravessou o fogo dirigindo. Passou horas entre o terrível calor das labaredas e a fumaça que mal lhe permitia enxergar a estrada. E não teve tempo de pensar no medo.

Minha amiga é uma heroína no meio de tantas heroínas anônimas, que realizam grandes feitos que passam despercebidos.

Quantas mulheres no mundo enfrentam as piores adversidades e criam seus filhos sozinhas na maior dificuldade? Não são notícia, pois não haveria espaço suficiente em todos os jornais do planeta pra falar delas.

Viemos todas de uma linhagem de mulheres guerreiras, batalhadoras. Descendemos todas nós de grandes tribos. Muitas lendas e histórias da nossa ancestralidade herdamos dessas mulheres fortes e vencedoras, desde o começo dos tempos. Mas esse poder nos foi roubado gradativamente e, em seu lugar, foram instaurados o medo e a submissão.

Portanto, toda conquista de uma mulher é sempre uma reconquista. Ela volta a ocupar o lugar que sempre foi seu.

A coisa mais importante e corajosa que uma mulher pode fazer é ser ela mesma. A melhor conquista de uma mulher é a própria liberdade.

A verdadeira beleza começa quando nos conhecemos e aprendemos a ser nós mesmas. Esse é o real poder, aquele que sentimos quando somos livres.

Percorremos um longo caminho para chegar a nós mesmas. Algumas de nós correram, outras vieram devagar e nada disso importa. Cada uma tem seu tempo.

E precisamos nos unir. A competição a que nos instigam é apenas uma forma efetiva de nos dividir, porque mulheres unidas são imbatíveis.

A vida não é fácil, mas nós somos de aço.

Quem pensa que nos derruba na verdade espalha nossas sementes. Quem pensa que nos quebra não sabe o mosaico maravilhoso que criamos com os nossos cacos.

Aprendemos a compreender a importância das nossas vozes cada vez que nos manifestamos. E, sempre que tentam nos silenciar, voltamos num forte e sonoro coro que transforma as circunstâncias.

Basta ver quantas conquistas e quantos movimentos pareciam impossíveis, mas as mulheres unidas fizeram acontecer.

Falo com essa amiga quase todos os dias e tenho muito orgulho de tudo o que ela conseguiu reconstruir depois das cinzas. Como tenho orgulho de todas as mulheres, mesmo as que nem conheço, com suas histórias diárias de superação.

Sister, onde quer que você esteja, estamos juntas e solidárias na nossa irmandade.

A criança que te habita

Uma amiga querida, a escritora Mirian Goldenberg, postou recentemente um texto que me doeu, sobre a menina triste que ela foi. Uma infância de brigas, gritos e surras. Uma criança diante da violência. Uma casa de ódio e gritos que a assustaram para o resto da vida. Uma criança que cresceu com muito medo, escondida de pavor, solitária e invisível, como ela escreveu. Que nunca conseguiu se sentir amada ou protegida, nem livre ou segura, como todas as meninas em volta pareciam ser. Pareciam ter tudo o que ela nunca teria.

Como se pode crescer com esperança diante de tamanha rejeição? Como sobreviver com tanta angústia e medo num mundo que é só ameaça?

Como essa menina abandonada conseguiu superar, se transformar e achar seu rumo?

Ela abriu seu caminho e se tornou uma mulher maravilhosa, com um coração generoso e um trabalho sobre temas relevantes que ajudam a todos.

A criança continua nela. Deve despertar às vezes e ainda provocar momentos de aflição, dor, insegurança, sentimentos que machucam e teimam em se reacender, como brasas na lareira. Mas nesse mesmo fogo está a chama de viver, o entusiasmo, o estímulo que reinventamos todos os dias para encarar a vida.

Sempre teremos incertezas, tempos difíceis. Sustos e surpresas.

Lágrimas e euforia. Medos que permanecem e minam nossa confiança. Não sabemos onde vai dar a estrada e vamos caminhando, escolhendo o trajeto, desviando de obstáculos, seguindo sonhos. Mesmo com o vento contra e adversidades, continuamos.

Não podemos mudar o passado, mas podemos construir o presente passo a passo.

Uma família pode ser um núcleo de amor e proteção, mas também um ambiente tóxico e nocivo que marca vidas.

A gente se apaixona, junta, casa, tem filhos e de repente, sem se dar conta, se torna responsável pela saúde mental, psíquica e emocional das pessoas desse núcleo.

Muita gente acredita que a compensação financeira substitui presença e afeto, mas sabemos que não. Muita gente reage no impulso da raiva, na explosão diante do problema, sem perceber as consequências.

A energia ruim, o desamor, o ódio, a indiferença trazem efeitos duros, dores profundas, traumas.

A inconsequência gera efeitos indeléveis.

Tudo o que fazemos e dizemos tem um forte poder. Para não repetir a história que nos fez mal, precisamos reinventar o amor para que nos aponte a direção e ilumine as trevas. E ajude a encontrar os becos escuros onde essa criança assustada se esconde dentro de nós.

Vamos pegar essa criança pela mão com muito afeto. Cuidar dela. Abraçar e dizer que ela pode confiar.

A menina que você foi não está mais abandonada porque a mulher que você é, com sua consciência, sua sabedoria, seu aprendizado, agora cuida dessa criança.

A pessoa que você se tornou é capaz de curar esse coração machucado. E você pode agradecer a essa criança por tudo o que ela passou e segurou, permitindo que você se tornasse a pessoa que é.

Respire fundo e ame a criança que te habita.

Mulheres fortes

Mulheres fortes não desistem. Podem precisar de uma pausa, de um choro sentido, de dar um jeito no cabelo que anda tão fora de controle como as emoções. E, num dia daqueles, podem precisar de um filme gostoso na TV, um café com bolo no fim da tarde. Caixas de chocolate, uma garrafa de vinho, um bichinho pra chamar de seu. A casa talvez fique desarrumada, as coisas fora de lugar, uma desordem que nesse momento reflete sua alma.

Mulheres precisam de alguém que as escute, as entenda. Podem precisar desabafar com uma amiga, podem até precisar de um dia inteiro na cama, uma semana toda só de pijama, podem comer em pé na cozinha, na frente da geladeira, mas nunca desistem.

Se você se identificou com algum desses momentos, o que você precisa agora é virar essa página e ter uma proposta. Talvez ouvir uma música que você sempre adorou, mas não escuta faz tempo. Um livro que te faça bem porque certas palavras aquecem o coração da gente. Talvez simplesmente ficar olhando demorado o céu e as nuvens através da janela.

Você pode estar precisando daquele SOS de cuidados especiais: um banho quente, um bom creme no corpo, massagem nos pés e nas pernas, um perfume antes de dormir, óleo de lavanda nas têmporas e bons sonhos.

Você merece um upgrade psicológico e está na hora de se

livrar das coisas que não te traduzem mais. Limpe seu armário e fique só com aquilo que você adora. Afinal, quantas roupas você usou durante a pandemia?

Se você não imaginou que ficaria tão ocupada nesse isolamento, descanse sempre que der. Se você nunca pensou que ia curtir seus cabelos grisalhos, sorria com humor pro espelho e passe um bom batom.

Tenha plantas para cuidar, arrume pequenas flores num vaso. Tente fazer um biscoito de aveia que você nunca fez, busque um desenho para colorir, uma cerâmica, um patchwork, um crochê, um bordado. E pense que isso tudo já é um privilégio, porque existem tantas de nós que nem esses pequenos luxos conseguem.

Você está aprendendo a ser feliz sozinha? Bem-vinda ao clube.

Nesta altura da vida você já descobriu que são as pequenas coisas, as mais singelas, que fazem a gente feliz.

O verbo da felicidade não é "quero", é "agradeço".

Existe uma fronteira vibracional que a gente ultrapassa quando emana gratidão. Entramos num portal e nesse novo campo, nesse novo plano, a gente acaba criando um magnetismo que atrai as coisas que queremos. São leis simples, mas de difícil aplicação.

Andamos muito distraídos com as coisas que nos atraem e acabamos não atraindo as coisas que nos importam.

No fundo, acabamos nos traindo.

Traindo nossa alma, que quer brincar solta quando todas as prisões em volta a querem fechada em seus compartimentos.

Traindo nosso espírito, que quer correr livre, acima das convenções e de tantas regras que tentam nos classificar.

Traindo o imenso desejo de amor, por ter medo de tantas ciladas que se apresentam na vida, de tantas decepções. E de tantas vezes que machucamos o nosso coração.

Traindo aquela criança que veio cheia de alegria para o mundo, pronta para descobrir a vida.

Mas a esperança sempre está presente no nosso horizonte. Mesmo nos dias nebulosos, em que o horizonte não se vê e a esperança não se mostra.

Esperança não significa uma espera parada, mas aprender a preparar sua ação durante os tempos de espera.

Mulheres fortes não desistem porque desistir não é uma opção, mesmo que às vezes a pausa pareça uma desistência. Mas não é. Nunca é. A pausa é uma preparação.

Mulheres se preparam para transformar cada momento numa bênção.

Homem não chora

Tempo atrás fiz uma palestra no TED falando, entre outras coisas, sobre a fraqueza dos homens. A possibilidade social de um homem demonstrar sua vulnerabilidade, sem críticas e vergonha. Sem a terrível pressão dos outros que repetem há gerações a infame determinação de que homem não chora.

Como se a sensibilidade de um ser humano o diminuísse frente aos outros. Que absurdo é esse que se perpetua, aprisionando a capacidade de o homem ter sentimentos?

Por que associar doçura, emoção, comoção e toda a gama de sentidos que nos eleva com a ideia de fraqueza? Existe repressão maior?

Essa distorção de valores gerou uma permanente ameaça à masculinidade. O cara sensível sofre todo tipo de bullying, quando a verdade é exatamente o oposto: ele é o forte.

Os verdadeiros fracos são os que agridem. Os covardes são os que maltratam os mais vulneráveis. Aqueles que acreditam que a supremacia é barulhenta e submetem mulheres, crianças e animais à sua brutalidade. Acreditam que para mostrar soberania é preciso usar força física e a usam exatamente contra aqueles que não podem se defender. Esses são os covardes.

É triste o resultado de uma sociedade que errou os conceitos. Que transmitiu princípios violentos e criou filhos disfuncionais.

Quanta crueldade, quantas atrocidades, quanto horror seria

evitado no mundo se existisse a Educação do Amor. Se através das gerações as pessoas tivessem aprendido que o verdadeiro forte é aquele que sabe amar. Aquele que sabe se sensibilizar, sabe chorar e sabe consolar quem chora.

A gestão das emoções, a capacidade de compreender e desenvolver nossa inteligência emocional, deveria ser matéria de escola. Ela é fundamental para qualquer trabalho, qualquer relacionamento, qualquer atuação na vida.

O que sentimos está por trás de tudo o que fazemos. Aqueles que são obrigados a sufocar seus sentimentos vão inevitavelmente explodir em algum outro lugar. Muitos contra si mesmos, a dor corroendo por dentro os que não conseguem se expressar.

Emoções reprimidas arranham o coração e nos fazem adoecer.

São doenças da alma, doenças psíquicas, psicossomáticas. Começam no abstrato e nos atacam fisicamente.

E tanta gente não sabe e não percebe isso.

Tanta gente perpetua um sistema de confinamento, de vozes caladas, de sentimentos não ditos. Até quando?

Se metade da população do mundo é composta por mulheres e a outra metade pelos filhos delas, há esperança. Podemos, cada uma de nós, corajosamente, ensinar nossos filhos a ser homens que choram, se deixam sensibilizar por coisas tocantes, permitem que o coração se comova com a solidariedade de um gesto.

Podemos aos poucos mostrar a beleza das coisas delicadas, porque a Criação do Universo é feita delas. Deus está nos detalhes. Mostrar que o lado vulnerável em cada um de nós é o que nos dá equilíbrio. É o nosso yin e yang, um conceito milenar do taoismo, duas energias opostas que completam o todo.

O mundo é feito de forças opostas e essenciais para a nossa harmonia. Sempre que estão em desajuste, vem o caos. E esse desajuste dentro de nós gera conflito permanente.

Num dos meus livros, *O perigo do dragão*, tem um poema, "Sagração", que diz:

*canto a doçura dos homens
e a solidez das mulheres.*

E até hoje não perdi a esperança.

O que aprendi com meu pai

Recebo muitas homenagens para meu pai, Ugo Lombardi, diretor de cinema e fotografia e um dos grandes talentos que construíram a Vera Cruz, que mudou a produção de filmes no Brasil. Ele foi muito premiado, recebeu o prestigioso Saci, na época o Oscar do cinema brasileiro. Todas as atrizes queriam filmar com ele. Ugo deixava as mulheres lindas, e quem me contou isso foi Tônia Carrero, que trabalhou com ele várias vezes. Ela mesma me confessou, rindo, que foi apaixonada por ele.

Meu pai criou uma família sólida e feliz, estimulou inteligência, cultura, desejo de superação, curiosidade, e nos mostrou pequenas coisas profundamente significativas. Foi ele que me ensinou os melhores valores da vida. E foi exemplo do que dizia. Era um homem que admirava e respeitava as mulheres, e isso me deu muita força e me orientou para ser quem sou.

Escrevo isso para dizer como é fundamental o que aprendemos na nossa formação. Nossa autoestima nasce desse primeiro olhar das pessoas que amamos.

Uma vez meu pai me disse: "A grande herança que deixo para os meus filhos é a liberdade."

Hoje sei que essa frase resume todas as conversas que tentei entender quando criança, toda a fé que descobri, todas as escolhas que fiz com base nos valores que aprendi. Reflete toda a minha busca de autoconhecimento e da trilha clara da felicidade.

Foi graças a ele que eu me descobri, fui tentando me conhecer, me compreender e ser quem sou por inteiro. Só assim consegui continuar em busca da minha plenitude.

Quando um homem ama as mulheres, ele quer que elas sejam tudo o que elas desejam ser sem medo. Ajuda e contribui para o seu desabrochar. Acompanha e orienta o seu crescimento.

Não teme que elas se tornem grandiosas, que ocupem seus próprios espaços, tragam suas próprias ideias. Quando um homem ama uma mulher, ele é um farol iluminando o caminho dela.

Meu pai sempre respeitou minhas escolhas e me deixou conduzir minha própria vida e errar e acertar quantas vezes fosse necessário.

E foi errando e acertando que cheguei ao homem que tenho ao meu lado. Que, assim como meu pai, sabe admirar, amar e compreender o feminino. Um homem que me ajudou a crescer com as nossas diferenças. Ele sabe, como meu pai sempre soube, que amar é criar raízes e, ao mesmo tempo, dar asas.

Ensinamos nosso filho a respeitar e amar as mulheres, e isso se revela em tudo o que ele faz. Ele é atento, delicado e apaixonado em cada gesto e em seus relacionamentos.

Amar as mulheres ajuda a criar relações de harmonia, consideração e igualdade. Mesmo quando uma relação termina, o final deve ser digno. Em nome desse afeto que se foi, duas pessoas que já compartilharam amor deviam continuar reconhecendo na outra as coisas boas.

Duas pessoas podem se separar, superar seus problemas, seguir suas vidas e manter a lembrança de um passado feliz.

Sei que isso não é tudo, mas acho que cabe a nós, as mulheres, ajudar nossos filhos a amarem a natureza, os bichos, as plantas e se permitirem a sensibilidade e a vulnerabilidade sem medo.

Essas coisas fazem os homens mais fortes, mesmo que nem todos saibam disso.

Ensinar a compreender, respeitar e amar as mulheres é um ato transformador. Com isso ajudamos a combater a violência no mundo e criamos gente mais feliz.

Coração coerente

Existe uma gradativa construção de valores na nossa vida. Começa cedo e se torna a fundação da nossa formação, cria as raízes que vão nos sustentar. Aprendemos com os nossos pais, amigos, professores, amores e vamos nos tornando quem queremos ser.

Mas, antes mesmo dessa escala de valores adquiridos no contato social, trazemos dentro de nós, no cerne do nosso ser, *ad core*, no nosso ponto mais vital, valores que vieram impressos na nossa essência. Aquilo que já somos.

E são esses que nos ajudam a selecionar e escolher os valores futuros, os ensinamentos, as coisas pelas quais nos interessamos.

Crianças nascem amorosas e esse amor é distribuído aos pais, irmãos, aos bichos, a todas as formas de vida. É o amor de um coração puro, que já sente e entende compaixão e empatia, mesmo sem ainda saber o que significam.

Com o tempo compreendemos a importância de preservar esses valores, de ter o que chamamos de coração coerente.

Cada vez que falamos de felicidade, qualidade de vida ou saúde mental, estamos no fundo falando de um coração coerente.

Todos temos nossas contradições, idiossincrasias, nossas incongruências. Passamos por tantas mudanças, algumas radicais, que podemos nos sentir perdidos, confusos, ter dúvidas e questionamentos. Isso tudo são vendavais na superfície das coisas. No nosso ponto mais profundo existe uma raiz que não se abala. Podemos bater apressadamente as asas no meio de conflitos, mas, se conseguirmos mergulhar no nosso oceano interior, encontraremos dentro de nós um lugar de águas calmas. A sabedoria do nosso coração coerente.

Quanto mais a gente conseguir se alinhar com esses valores profundos, mais paz vamos sentir para conduzir a vida que queremos ter.

Muitas vezes a gente se debate demais na superfície das águas, se deixa levar por correntezas, se distrai com cada pessoa que nos influencia, com cada acontecimento. Podemos reagir deixando que humilhações nos derrubem, frustrações nos deixem amargos, expectativas não se realizem. E assim vamos nos tornando aquilo que não somos.

Passamos a viver no conflito da dissonância. Entramos em desequilíbrio, perdemos nossa raiz, aquilo que nos sustenta.

Quando entramos na estrada da dissonância, não sabemos aonde ela pode nos levar. Existem tantas ciladas pra gente cair, e é muito fácil se machucar.

O coração dissonante, ao contrário do coerente, distorce e deforma nossa vida. Seca nossa energia vital, traz todas as dores e os valores do nosso ser inferior, nos domina. Traz raiva, inveja, ressentimento, a força da maldade, a capacidade de gerar sofrimento por onde passamos.

Por isso nossas escolhas diárias, pequenas e constantes são fundamentais.

Somos todos seres curiosos e influenciáveis. Queremos novidades, experiências, temos a capacidade de criar, reinventar e transformar. Não devemos perder essas qualidades, mas sim fazer delas uma extensão dos valores que são nossa base, a matéria da qual somos feitos.

Esse é o portal que gera o nosso verdadeiro poder.

E precisamos desse poder para manter nosso coração coerente.

Dilema

Existe um dilema quando se diz: "Seja o que Deus quiser, se for pra ser, será, vamos entregar nas mãos do destino", e quando se expressa o conceito oposto de: "Se você quiser alguma coisa, terá que lutar pra fazer acontecer."

Vivemos essa contradição entre a ideia de se entregar ao "já está escrito" e a de agir para escrever nosso destino a cada passo.

Estamos todos nessa corda bamba, nesse fio de malabarista, tentando nos equilibrar entre o que nos pega de surpresa sem que a gente possa fazer nada e aquilo que conseguimos manter sob controle.

Esta é uma palavra-chave: controle. Muita gente acha imprescindível sentir que tem controle pois, sem essa rede de segurança, fica completamente perdida.

Outros vão levando a vida e deixando a vida levar do jeito que der. Cada um de nós é um pouco dos dois, em diferentes tempos e medidas.

Mas para muitos a ideia de não ter nenhum controle é absolutamente aterradora, como estar na direção de um carro e a máquina não responder. Aliás, esse é um pesadelo comum.

Se você parar um minuto para entender qual dessas duas sensações mais te acompanha, vai descobrir a raiz do que aflige você e influencia seu cotidiano.

Temos o poder de agir sobre as nossas circunstâncias, mas

apenas até certo ponto. Existe o imponderável, e a vida sempre nos surpreende. E isso não é necessariamente ruim, pois até um acontecimento que parece mau pode nos conduzir a alguma coisa melhor.

Quando você se deixa levar pelo mistério da vida, livre da ilusão do controle, sem manter a rigidez e a inflexibilidade diante dos acontecimentos, consegue se libertar de um medo profundo. Consegue perder a ansiedade e a aflição constantes e percebe que é possível deixar fluir.

Nesse momento a fé se manifesta.

Você acredita na força da ação e ao mesmo tempo na entrega de quem se deixa guiar por um poder maior.

E isso deixa de ser uma contradição, pois a cada momento você intui o que fazer. Compreende que o divino está dentro de você. E você o escuta.

Esse é o Mistério. A sua conexão com esse Mistério vai revelar um tesouro guardado aí dentro. Você é capaz de ter esse equilíbrio. Vai saber a hora de agir e a hora de se deixar levar pela entrega. Quando precisa da vigília e quando merece o repouso do guerreiro.

Cada estado de espírito tem seu tempo e seu momento. Hora de lutar e hora de recuar. Tempo de ação e tempo de resguardo.

Não adianta nadar contra a correnteza, você vai exaurir sua força sem chegar a lugar nenhum. Às vezes, deixando o movimento das águas te levar, você consegue chegar na margem.

Faça tudo que estiver ao seu alcance. De resto, confie e deixe a vida te levar. E sempre que precisar, lembre desta frase atribuída a São Francisco de Assis:

"Senhor, dai-me força para mudar o que pode ser mudado... Resignação para aceitar o que não pode ser mudado... E sabedoria para distinguir uma coisa da outra."

Critério e julgamento

Uma das coisas que mais nos intimidam e controlam nosso comportamento é a ideia de estarmos sendo julgados. Mas vamos pensar juntos: o que é exatamente que se teme no suposto julgamento dos outros?

Aquilo que achamos que os outros pensam da gente, mas não temos a menor certeza. Até porque pode ser que nem estejam pensando em nós, tão ocupados que estão pensando em si mesmos. E também intimidados e preocupados com o julgamento dos outros... e esses outros talvez sejamos nós mesmos.

Olha só que círculo vicioso complicado.

Para sair dele, só quebrando as amarras sociais que nos prendem. Ninguém pode passar pela vida sendo prisioneiro dos outros, das convenções, das formalidades inúteis. Das barreiras que nós mesmos criamos, das máscaras que usamos acreditando que nos protegem, mas que na verdade nos expõem.

O medo nos torna presas fáceis. Passamos a viver em função dos outros.

Quem julga cria distância e preconceito. Vai dar opinião leviana, embarcar em qualquer fake news e pronunciar apressado um veredito. Acaba convencido de uma verdade falsa, sem a menor avaliação. Na era da Inteligência Artificial, vídeos fabricados se alastram numa proporção assustadora e criam o caos dos julgamentos.

Para combater isso temos que entender a diferença entre julgar e ter critério. Aparentemente são coisas parecidas, mas o resultado é diferente. O senso crítico não serve para criticar, mas para discernir. É o critério que ajuda a fazer escolhas, desde o que vestir, comer, dizer, nossa postura e nosso comportamento, até com quem queremos nos relacionar.

Serve para fazer uma análise, descartar deep fakes, nos faz estudar, buscar conhecimento. O senso crítico aliado à intuição é a nossa verdadeira proteção. Afia nosso olhar observador e desenvolve nossa capacidade de percepção.

Conseguimos selecionar informações. Somos criteriosos com aquilo que queremos. Sentimos a energia de quem se aproxima de nós. Aprendemos a nos afastar daqueles que nos podem causar danos. Vamos saber separar o que nos faz bem do que nos traz sofrimento, problemas e perrengues.

Adquirimos segurança evitando absorver sem critério o que vem da mídia, dos outros, das tendências e dos absurdos desta era em que vivemos. Precisamos ser críticos no nosso cotidiano.

Somos responsáveis pelo que transmitimos e cada ação nos traduz. A verdade traz coerência no que pensamos, dizemos e fazemos.

Quando somos verdadeiros, estamos prontos para enfrentar qualquer lugar, situação e gente. Nada nos intimida, amedronta ou diminui. Não precisamos exagerar, mentir nem esconder. Somos o que somos.

Só podemos combater o medo e sair dessa prisão do julgamento com a nossa verdade.

E precisamos de muito critério para encontrar a verdade nesse oceano de desinformação.

Abismos e asas

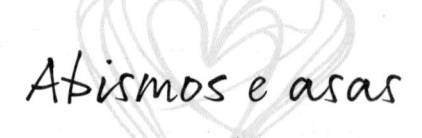

Uma amiga me diz que não consegue dormir direito, sente crises de ansiedade, medo do futuro por não saber o que pode acontecer. Mas, pensando bem, alguma vez na vida a gente soube o que ia acontecer? Não, claro que não.

Tantas vezes nos sentimos confusos, sem perspectiva, perplexos, buscando alguma orientação para descobrir que caminho seguir. A realidade muda a cada dia, vivemos o momento presente e sabe Deus o que vai acontecer amanhã.

A vida é aquilo que passa enquanto a gente faz planos, dizia John Lennon. A vida não tem rascunho, não tem ensaio, cada minuto é uma estreia, dizia Bernard Shaw. A matéria da vida é de incertezas. A única certeza que temos diante de nós é que vamos lidar com o desconhecido.

Temos que nos adaptar a cada movimento e não ficar em suspensão, naquele estado em que tudo paralisa e a gente não consegue agir.

A gente aprende a aceitar o que está fora do nosso poder. Abraçar o mistério, a surpresa de cada virada, de cada movimento, sem deixar que vendavais de visões negativas nos arrastem e derrubem.

Tem um poema meu que diz:

Você pode me empurrar pro precipício
Não me importo com isso
... eu adoro voar

No meu livro *Clímax*, tem uma poesia que começa assim:

Crio asas no abismo e sobrevoo, devagar e distraída...

E tem também uma frase no meu livro *Jogo da felicidade*: "Se tirarem seu chão, invente asas."

Esse tema, a ideia de reagir, resistir, de criar asas à beira do abismo, me acompanha desde sempre.

Aconteça o que acontecer, por mais impossível que pareça, vamos encontrar uma saída. Seja por instinto, intuição, lógica ou razão, seja por um milagre, a gente acaba achando uma solução.

Mesmo quando nos sentimos ilhados, sozinhos, isolados, abandonados, mesmo quando parece que não há horizonte no céu escuro, a gente acha um caminho. Porque sempre existe um caminho.

Fiquei um bom tempo escutando minha amiga até ela se sentir melhor. Perguntei em quantas beiras de abismo ela já tinha pisado. Um monte, ela respondeu. Pois é, e estamos aqui.

Na hora sempre aparece coragem ou sorte, sei lá. Mas, sem coragem, a sorte passa por nós e não a vemos.

Na hora sempre aparecem asas que a gente nem sabia que tinha.

Abismos existem para que a gente aprenda a sobrevoar.

A inocência feliz

Dizem que só os inocentes são felizes, aqueles que não sabem. Aqueles que, de certa forma, conseguem estar à margem e não absorver os acontecimentos. Ser feliz seria, portanto, ignorar a realidade.

Penso nisso com constância. Nessa máxima de que não é possível achar a felicidade consciente do mundo real. Que, diante do dilema entre saber e desconhecer para evitar que a dor nos invada, ficamos nessa gangorra de emoções.

Como ser feliz na realidade ao redor de nós? Aqueles que se blindam e ignoram o mundo propositalmente criam apenas um fosso entre eles e tudo o mais e, ao cortar essa conexão, sentem um imenso vazio. Não compreendem que o separatismo corta o fluxo de energia e ninguém será feliz sendo ilha pois, como disse o poeta inglês John Donne, somos todos um grande continente.

Existem inúmeras realidades neste planeta. Mas, como seres de percepção egocentrista, acreditamos que aquela que conhecemos como realidade seja a única. E, para proteger ou reforçar nossa visão, a tendência será ignorar todas as outras.

Classificamos como estranho, étnico, exótico tudo aquilo que desconhecemos, o que não nos traduz. E só existe como real para nós o eco da nossa infância, de nossas origens, memórias sensoriais.

A realidade para quem nasceu no interior de Minas ou no norte da Lapônia, no sul da Irlanda ou nos pampas gaúchos, em

Upolu na Samoa, em Katmandu, na Bósnia, em Andorra ou no sertão da Bahia, tem semelhanças? De quem são as lembranças mais reais?

Quem nasceu em alguma realeza, cercado de luxos descomunais, vai negar sua própria realidade?

A vida de quem largou tudo para se fechar num convento ou viver num templo no Nepal ou no Butão não é real?

Ser feliz sem motivo é a mais genuína expressão da felicidade. No entanto, essa ideia se afasta de nós quando interpomos a ela as notícias diárias, os pensamentos nefastos, a crueldade do mundo.

Seria então a inocência, assim como a felicidade, um ato de resistência?

Num mundo dividido em grandes fossos de desigualdade, miséria, vidas anuladas e a indiferença silenciosa, a mudança só será possível por meio da educação, da compaixão, da empatia. Somente uma mudança de valores intrínsecos pode ser transformadora.

Sem bons valores, se os oprimidos tomarem o poder se tornarão opressores, numa roda perpétua onde a realidade se desloca, mas não muda, porque não mudaram o pensamento nem o sentimento.

Todos os dias vejo estarrecida no noticiário a dor do mundo, que também me dói inevitavelmente.

Preservo minha inocência por acreditar que já começamos a mudança e que é possível. Acredito no processo e sei que podemos ser agentes de transformação e fazer uma pequena diferença na nossa vida e na dos outros.

Manter a inocência diante de tanta distorção nessa sociedade de desajustes significa descobrir um paraíso interior que nos proteja.

Criar esse paraíso dentro de nós, mesmo se o inferno estiver fora.

Alimentar e espalhar essa energia para que a realidade que nos cerca seja um reflexo do que somos.

De caso com a vida

Como é sua relação com a vida? Qual é o principal sentimento que você costuma transmitir, aquele que se manifesta tantas vezes, que acaba se tornando o traço mais marcante da sua personalidade?

Sua relação com a vida é um caso de amor? É uma relação doce, serena, pacífica, que faz bem, ou é tensa, ansiosa, tóxica, difícil, daquelas que facilmente machucam?

Você consegue perceber o que mais acentuadamente rege a sua postura no mundo?

Consegue destacar uma emoção que te represente porque é a que mais se apresenta em você? Aquela que vive puxando o gatilho do seu comportamento?

Temos dentro de nós todos os sentimentos, sensações e emoções. Somos um misto de tudo, mas um deles acaba se mostrando com mais frequência. E vai ser associado à sua personalidade, mesmo que você não perceba.

Mesmo que a gente não tenha consciência, tem sempre um jeito de estar no mundo que nos define. Da mistura que somos, alguma coisa se repete e se expressa tantas vezes que acaba sendo a nossa mais perfeita tradução.

Você consegue detectar na maneira como age, fala e pensa aquilo que você mais passa para os outros?

Pense com calma: suas atitudes em geral nascem de um sentimento negativo ou positivo? O que mais frequentemente motiva as suas ações?

Qual a sensação que habita mais seus pensamentos, que aparece mais nas suas reações, que define melhor a sua postura na vida?

Vivemos tempos de ansiedade, medo, cansaço, exaustão. Existe muito sofrimento dentro e fora de nós, coisas que carregamos, pesos que poderíamos e deveríamos descartar.

Sem perceber, podemos estar criando um acúmulo de nuvens escuras no nosso céu.

Podemos, por exemplo, nos sentir vítimas, viver na autopiedade querendo que os outros se compadeçam de nós como forma de consolo.

Ou então reclamar de tudo e de todos, numa cobrança constante com a vida, com as pessoas ou com nós mesmos.

Há os que carregam a dor do mundo, os que não se conformam, os que se acomodam, os que escolhem a indiferença, o rancor e o egoísmo como atitude.

Existem pessoas que se deixam invadir pela mágoa, vivem de ressentimento, destilam ódio, raiva, vingança.

Tem os que se escondem numa fachada de sarcasmo. Os cínicos, os niilistas. Os que se colocam sempre numa posição de julgamento.

Há também os que espalham alegria, renovam o entusiasmo e a esperança e estimulam os outros a fazerem o mesmo.

Se a gente conseguir determinar nosso principal traço, nossa maneira de ser e encarar o que acontece, vamos nos compreender melhor.

O sentimento que elegemos ou que nos elege determina nossa visão de mundo. E vai determinar também a maneira como o mundo nos trata.

Somos seres complexos... Complicar a vida é fácil, simplificar dá trabalho.

Você se conhece bem?

Você nunca precisa se desculpar por ser quem é. A vida é um sopro, está na hora de abraçar seu jeito de ser e parar de se desculpar. Abraçar tudo em você e saber que justamente isso tudo é o seu diferencial.

Tudo isto é você: seu jeito único de rir, de falar, sua aparência, seu cabelo, o que você gosta de vestir, seus valores, suas crenças, suas escolhas, seu senso de humor, sua observação, seus medos, sua insegurança, sua sensibilidade, seus hábitos e seus pecados...

Mesmo que pareça estranho, desajeitado, engraçado, fora dos padrões, mesmo que seja difícil, complicado, emaranhado. A vida é confusa e pode ser assustadora, mas também é maravilhosa e surpreendente.

Pare de brigar consigo mesmo e com os outros. Chega de discutir, debater, se desgastar por situações que você não pode mudar. Você pode agir, lutar, se manifestar, mas preste atenção em onde coloca sua energia e seu tempo, que é o bem mais precioso.

A gente se adapta a uma porção de papéis durante a vida. Somos filhos, irmãos, amigos, colegas, alunos, namorados, cônjuges, pais, mães, profissionais. E sem perceber vamos perdendo a identidade no meio de tantas personas que precisamos representar em casa, no trabalho, no social.

Queremos ser o nosso melhor, é claro, mas não em detrimento de nós mesmos, dos nossos sonhos íntimos, dos nossos desejos, daquilo que a gente adora, daquilo que a gente verdadeiramente é.

Tudo em volta de nós vai limitar a nossa liberdade, inibir a nossa manifestação, vai tentar oprimir, cercear, enquadrar, delinear, rotular, definir alguém que não necessariamente corresponde à nossa essência.

Descobrir quem somos é a grande missão da nossa jornada. Quem somos lá no fundo, de verdade, livres de todas as camadas adquiridas e colocadas em cima de nós?

De tantos comportamentos que nos obrigaram a ter, tantas escolhas que nos obrigamos a fazer, fomos seguindo muitas vezes sem sequer perceber essa pressão. Achando que faz parte da vida e nunca sequer questionamos se estamos soterrando a nossa essência, a nossa espontaneidade, a melhor parte de nós mesmos.

A boa notícia é: dá pra cavar e encontrar, rever, reconstruir, restaurar aquilo que foi esquecido, deixado em algum lugar sem querer.

A criança que fomos, plena, inteira, alegre, querendo descobrir o mundo, permanece dentro de nós. Ela aprendeu coisas dificílimas, caiu milhares de vezes, levantou em todas e aprendeu a andar.

Depois foram ensinando a gente a ter medo de qualquer tentativa, ter vergonha de qualquer queda.

Será que podemos recuperar um pouco dessa vitalidade e desse encantamento diante do mundo?

Podemos parar de pedir desculpas por não corresponder a alguma falsa imagem criada? Podemos não ser aquilo que acreditamos que os outros esperam de nós? Podemos rejeitar um padrão que não nos representa?

Essa busca de nós mesmos acontece aos poucos. Vamos encontrando pistas dentro de nós que nos levam a pequenas descobertas, coisas simples que nos trazem uma alegria enorme.

Ser quem somos é nosso grande desafio.

Como é sua metade do copo?

Aquela velha história: você é uma pessoa meio copo vazio ou meio copo cheio?

Falo do famoso conceito de como estamos olhando a vida: com a perspectiva da escassez ou da abundância?

Sabemos que oscila: às vezes parece que tudo falta e outras vezes as coisas estão jorrando em excesso. Mas existe um jeito nosso, uma tendência que sempre pende para um lado da balança.

Você pode estar no meio da caminhada, de uma subida na montanha e parar pra respirar. Nesse momento pode olhar quanto ainda falta e ficar exausto e desanimado ou celebrar, vitorioso, por ter conseguido chegar até ali.

Ariano Suassuna diz que o otimista é um tolo, o pessimista é um chato e bom mesmo é ser um realista com esperança.

Eu tinha um professor que dizia que preferia pensar com pessimismo para poder ter uma surpresa boa no final.

No fundo acho que a gente quer ser otimista, mas o medo da decepção nos inibe e nos prepara para o pior. Assim, sem perceber, a gente sofre entre a ansiedade da expectativa e a certeza de que vai falhar.

E isso é paralisante. Realizamos menos na esperança de sofrer menos.

Precisamos inventar novos estímulos para a nossa força de

vontade, ir além de fazer só o necessário. Temos que ousar e acreditar que vamos conseguir. Temos que descobrir uma faísca que brilha num sinal de que tudo vai dar certo, mesmo com todos os obstáculos. E saber que aquilo que não dá certo leva a gente a outros caminhos.

Temos que aprender a conectar os pontos.

Tudo o que não deu certo na minha vida me levou a lugares que eu não imaginava e fez coisas maravilhosas me acontecerem.

Tive a chance de conhecer, já quase com seus 90 anos e ainda se apresentando no palco, o excêntrico escritor inglês Quentin Crisp. Ele começava seu monólogo com uma original mensagem que definia como "otimista". E dizia: "Moro num pequeno apartamento há cinquenta anos e nunca tirei o pó dos móveis. E afirmo que, depois dos primeiros dois anos, a poeira não fica pior."

A coisa é assim: se a gente consegue segurar no começo, na correnteza das grandes ondas, passada a rebentação tudo fica mais fácil.

É simples. Tem gente que olha para o que tem e agradece. E tem aqueles que, mesmo tendo bastante, só conseguem olhar para o que acham que está faltando. Reclamam sem parar do que não têm, mesmo tendo muito mais que a maioria. E continuam inconformados porque querem mais e nada parece suficiente.

Essa é a raiz da ansiedade, da frustração, do ressentimento. De todas as barreiras que vão nos impedir de ser felizes, de conseguir enxergar a mesma exata metade do copo como cheia.

A parte que a gente pensa que falta, na verdade, é fruto de expectativas que inventamos, do que a gente acha que precisaria ter. E é a nossa atitude que vai escrever e transformar a nossa história.

Esse é o momento de olhar além de nós mesmos. Olhar o mundo em volta e compreender que a maioria nem copo tem.

Quando aprendemos a mudar o olhar, mudamos a nossa perspectiva e podemos ver a metade cheia com um sentimento de gratidão. Essa pequena diferença nos faz alcançar um estado interior de paz. E de solidariedade com todos que nos cercam.

Temos que saber aceitar o que a vida traz e agradecer por termos chegado até aqui.

Essa é a verdadeira vitória.

Aprender a olhar amorosamente o que somos, o que temos e aqueles que seguem com a gente nessa jornada.

A mensagem da água

Gosto muito da cultura japonesa. Me identifico com vários de seus aspectos. E foi estudando um pouco de filosofia oriental que descobri uma metáfora muito delicada para um dos elementos fundamentais da nossa existência, a água.

Li pela primeira vez a frase: "Uma pessoa tem muita água na sua personalidade."

Sabemos que tanto o nosso corpo como o nosso planeta são compostos por 70% de água. Sabemos que sem água não sobrevivemos, mas o que significa ter água na personalidade?

A sabedoria da água é a sua adaptabilidade, sua capacidade de abrir caminho onde não havia nenhuma passagem. Encontrar sempre uma forma de contornar obstáculos, superar barreiras e seguir seu curso independentemente das circunstâncias.

Com essas qualidades a pessoa sabe ser flexível diante dos acontecimentos. Sabe reagir aos possíveis eventos sem perder o rumo. Assim como a água, consegue se transmutar se necessário conforme o ambiente. E, como a água, passa por diferentes estados sem jamais perder sua essência.

A água nunca deixa de ser água assim como a pessoa nunca deixa de ser quem é, por mais que se veja obrigada a mudar e se adaptar. Seja qual for a circunstância, não perdemos nossa essência.

Ter a maleabilidade da água na nossa personalidade nos ajuda na jornada. É na água que nos formamos, dentro do ventre flutuamos no líquido amniótico e ao longo da existência continuamos precisando de água, dentro e fora de nós, ou não sobrevivemos.

O escritor e professor japonês Masaru Emoto, presidente da Fundação Internacional Water For Life, foi debatido e criticado, mas também deixou milhões de fãs maravilhados, quando apresentou as fotos de seu experimento.

Ele mostra que as moléculas de água reagem de maneira diferente conforme o estímulo que recebem. Música suave, palavras ou pensamentos doces ressoam nas estruturas moleculares e criam magníficos desenhos geométricos. Bons estímulos geram harmonia, ordem, equilíbrio e serenidade.

No entanto, sob forte pressão, tensão, estresse ou abalo emocional, essas mesmas estruturas moleculares reagem de maneira desordenada e criam desenhos desfigurados e disformes.

A desordem nas nossas células resulta de um ambiente caótico, que nos adoece.

Assim como as águas poluídas de um rio, toda mágoa dentro de nós é uma má água, uma água estagnada por pensamentos e sentimentos ruins que paralisam nosso fluxo natural. Mágoa é uma água parada, que suja nosso sistema, nos intoxica.

Tudo em nós está conectado. Estímulos produzem um campo magnético de vibração. Ferramentas como mindfulness, meditação, respiração consciente, contemplação da natureza são o caminho da cura.

Precisamos de arte, beleza, música, poesia e literatura porque isso nos faz bem. São estímulos capazes de alinhar o desenho harmônico das nossas células.

Precisamos de águas limpas para dar um mergulho dentro de nós e compreender que a ressonância forma lindos desenhos na água que existe na nossa personalidade.

Qual é a tal da vida real?

Vocês já repararam que separamos a realidade do que chamamos vida irreal? E na tal realidade colocamos todo tipo de perrengue, mão de obra, chateação, acúmulos, listas, tarefas, tudo o que detestamos, o que nos perturba, aflige, causa ansiedade...

Já a vida que consideramos irreal é uma espécie de portal onde podemos ficar tranquilos, apaixonados, ouvir música, ler livros, apreciar o pôr do sol, brincar com nossos bichos, ter o prazer do contato com a natureza, conviver com amigos queridos e fazer só o que queremos, o que nos faz bem e dá prazer...

Na vida real não temos tempo pra nada disso. Nela só cabem problemas, boletos, links de reunião e trocentos assuntos chatos, da família ao noticiário.

Na vida que sonhamos ter somos espíritos livres, serenos, resolvemos as coisas de bom humor. Existe harmonia e as pessoas nos compreendem, aceitam e concordam com nossas ideias, assim como nós com as delas...

Já na vida real é um salve-se quem puder a cada dia e a gente vai levando como dá, empilhando coisas, espalhando papéis pela casa, juntando pratos na pia, jogando roupa suja pelos cantos, tudo acumulando e nós sempre atrasados.

Vivemos abalados, irritados, indignados e ainda por cima tentando equilibrar essas duas vidas impossíveis de conciliar, fragmentadas em cada passagem, em cada acontecimento que vivenciamos.

E a loucura é que precisamos ansiosamente encontrar a nós mesmos e a nossa felicidade no meio disso tudo.

A gente vive assim, zen... zen paciência, zen tempo suficiente, zen saber como dar conta disso tudo.

E assim vamos que vamos, trôpegos, alegres e nervosos, exaustos e plugados, tentando juntar nossos cacos e fazer com eles um novo e lindo mural.

De tardinha, depois do dia cheio, depois do banho, quando um restinho de raio de luz atravessa o nosso mural de cacos e o deixa colorido, aí a gente pode se deixar invadir por uma sensação boa e relaxada.

Basta isso.

Basta um momento só seu e o reconhecimento de quanta coisa você tem resolvido na sua vida real pra poder desfrutar um pouquinho da outra, a que preenche sua alma de doçura, daquele quentinho no coração. É hora de dizer parabéns pra você mesma.

Isso é vitória, tudo vai dar certo e você merece um abraço.

Afinal, você está gerenciando duas vidas aparentemente antagônicas e fazendo o melhor que pode em cada uma delas.

É noitinha, tome um banho, tome um vinho, tome uma decisão.

A decisão de dedicar mais tempo a você.

Faça uma lista das coisas que adora, dos lugares que quer visitar, de filmes, livros, músicas, comidinhas.

Um presente. Pode se dar um presente assim, sem razão nenhuma. Compre flores, enfeite seu espaço. Invente seu momento, pode rir, cantar, dançar.

Essas alegrias miúdas, sem motivo, fazem um bem danado.

Pode se distrair um pouco, passar um dia preguiçoso. Você tem saldo pra isso, já fez coisa demais.

E se der pra manter esse estado mais leve e se lembrar dele amanhã, quando começar de novo aquele giro da vida chamada realidade, aí sim vai pintar uma diferença.

O turbilhão de assuntos e perrengues pode ser o mesmo, mas você não é.

Você sabe que a realidade não é só aquela que nos endurece, nos intoxica, nos deixa tensas, intensas, à beira de uma crise...

A realidade é essa complexidade toda, essa mistura de tudo. É a administração das nossas circunstâncias e de seus acontecimentos e como reagimos a tudo isso.

Não importa o que a vida nos traz, a realidade é o que fazemos dela.

Sua beleza é sua verdade

Você já reparou como as pessoas transmitem o que são?

Se prestar atenção, olhar nos olhos, perceber o jeito, as expressões, verá que existe toda uma linguagem corporal que nos revela. Emoções afloram no nosso rosto e, mesmo quando tentamos disfarçar, aquilo que sentimos é perceptível.

A verdade é que a gente acaba tendo a cara do que é.

Um amigo querido, o extraordinário escritor Rubem Fonseca, me disse muitos anos atrás que, com o tempo, as pessoas escolhem a cara que têm. Na hora me pareceu uma frase de efeito e acho que demorei um pouco para compreender a extensão do seu significado.

O tempo revela. A gente vai se tornando o que é. Somos aquilo que transmitimos. Somos a nossa energia.

A beleza de cada um é a tradução de uma verdade interior. De uma complexidade de escolhas, valores e sentimentos. Temos as marcas do que fizemos, do que tememos, do que desejamos, do que sentimos.

Não tem a menor importância com que traços e corpo viemos ao mundo, porque o que realmente nos define é a energia que emana desse corpo.

O seu espírito espelha o que você sente e se reflete na sua aparência, porque as coisas estão interligadas. A sua verdade é a soma de tudo o que você é. Da liberdade de ser o que você quiser e não obedecer a nenhum padrão. Cada beleza é única, individual e genuína.

Se o nosso exterior reflete o nosso interior, é fundamental cuidar bem dos dois. Não adianta só pensar na aparência sem cultivar a essência. Não adianta harmonizar o rosto sem harmonizar o resto.

Se alguma coisa em nós estiver em desequilíbrio isso vai ficar visível, por mais que a gente tente esconder.

Descobrir quem somos é tão importante quanto descobrir o que fica bem em nós, o que nos enfeita. Porque nada enfeita tanto quanto a nossa alegria, o nosso sorriso, o nosso jeito de ser, a nossa paz interior. O amor que sentimos transparece.

Pense em quantas pessoas queridas você conhece que mesmo longe da perfeição física são bonitas, atraentes, passam a melhor energia e todo mundo gosta delas.

Faz parte do amor acender a luz da beleza em cada um. Pessoa, bicho, objeto... Aquilo que a gente ama tem a nossa imediata aceitação e empatia. O imperfeito parece imediatamente lindo e harmônico, com sua beleza particular.

Muita gente acredita que o físico sozinho vai dar conta do recado e não percebe que jogar todo o empenho apenas na aparência vai criar um círculo vicioso de frustrações. Porque ninguém nunca alcança o desejado e não existe perfeição.

O segredo é que justamente o imperfeito se torna a coisa mais linda sob o prisma do amor. E esse amor é a nossa constante troca energética.

Reconhecemos imediatamente a energia de quem vibra na mesma frequência que nós. Com o mesmo instinto dos animais captamos quem sente o que sentimos, pensa de forma complementar e vai nos compreender melhor.

O que somos e transmitimos vai irradiar essa luz interior. Vai influenciar nosso comportamento e se transformar na nossa personalidade. A nossa beleza é a nossa verdade. Tudo o que a gente faz reflete o que a gente é.

Você não precisa ser melhor do que ninguém, você só precisa ser você.

Beleza holística

Nunca sonhei com a fama nem tive uma preocupação particular com a beleza. Cresci numa família de cinema, cercada de filmes e livros. Eu lia sem parar, estudava com extraordinária curiosidade e vivia movida pela paixão.

Comecei a escrever cedo e sempre escrevi com absoluta devoção.

Na escola fui ficando conhecida pelas minhas redações. Escrevia algumas para as minhas colegas e em troca recebia uns chocolates, meus primeiros pagamentos profissionais.

Venci concursos de poesia representando meu colégio e assim comecei a ganhar pontos e fama.

Quando me convidaram pra fazer fotos, o que não estava nos meus planos, minha vida mudou. Não era meu propósito tamanho grau de exposição. No início eu era arredia e até me escondia um pouco, mas com o tempo me acostumei e ser conhecida virou decorrência do meu trabalho.

Ganhei minha própria grana, ajudei a família, aos 18 anos comprei meu primeiro carro zero e nos anos seguintes paguei minhas duas faculdades.

Saí em inúmeras capas de revistas, perdi a conta de quantas fotos e campanhas fiz e fiquei associada a uma beleza que eu pessoalmente não teria descoberto. Não era uma prioridade pra mim.

Eu queria descobrir o mundo, olhar para as pessoas, viver grandes aventuras e escrever.

Mas passava o dia dentro de estúdios, fazia uma faculdade de manhã e outra à noite e fui desenvolvendo a técnica de escrever em qualquer lugar, em qualquer situação, no meio do barulho, com gente em volta. Nada tirava meu foco e eu escrevia de qualquer jeito.

E continuou assim vida afora.

A fama ajudou meus livros a irem para as listas dos mais vendidos e me ajudou a viajar, a conhecer muita gente interessante, a compreender a abrangência e o tamanho do mundo.

Em todas as fases da minha existência batalhei para ser e fazer o que tinha significado para mim. E pra não cair em ciladas, não me deixar aprisionar por crenças limitantes nem impor limites pra minha multiplicidade.

Existiam cobranças, imposições, até o preconceito de que beleza e inteligência não serviam ao mesmo deus.

Queriam que eu encolhesse, diminuísse meu potencial, escolhesse, fizesse uma opção.

Sentia vergonha até do meu próprio nome, já que mais ninguém se chamava Bruna.

Eu tinha que ser uma coisa só, clara e não contraditória. Mas eu não era.

Não tinha uma definição simples, não cabia num rótulo, não me encaixava num padrão. E sofria com isso. Queriam que eu fosse outra coisa.

Mas eu não era.

Um dia escrevi na parede do meu quarto o verso de Fernando Pessoa: *"Tudo vale a pena se a alma não é pequena"*.

Por sorte, grandes mestres me ensinaram o contrário do que me era imposto e eu procurei abrir caminho onde ainda não havia um.

Tenho múltiplos interesses e sempre quis descobrir tudo o que sou. Nunca acreditei que uma escolha anula a outra, se não interferem uma na outra e nem são opostas. Valores como caráter e ética me orientam.

Somos seres complexos, e eu tento desvendar minha complexidade e usar meu potencial para ampliar minha abrangência. Acredito que somos almas em expansão. Quero a liberdade de ser o que sou, um espírito livre.

Décadas passaram e até hoje me associam à beleza. Eu agradeço. É claro que por trás da fachada sempre existiu um forte desafio. Às vezes pareceu impossível de superar. Fui entendendo como encarar dificuldades, obstáculos, adversidades presentes em tudo em que me envolvi. Minha intuição, a voz do coração, é minha guia e me orienta no que faço.

Tudo isso me levou ao conceito de Beleza Holística, que significa inclusão, integração.

Acredito que existe a beleza do mundo e ela está presente em tudo o que nos cerca, em tudo o que vem do divino, da criação. E essa é a busca.

Mesmo com a constante destruição que nos cerca, a beleza sempre se refaz, é soberana. E esse é um princípio da natureza.

Quando se fala em beleza individual pensamos imediatamente na fachada, na aparência física, em como somos vistos.

Esquecemos que a beleza é integrada, é reflexo de todos os aspectos da nossa existência.

Envolve muitas coisas que estão depositadas em todas as camadas do nosso ser. Tudo nos afeta. Cada coisa vem com seu significado e seu sentimento.

Existe uma conexão entre nossa saúde mental, emocional, física, psíquica, espiritual e energética.

E a Beleza é a relação entre tudo isso.

Essa relação interfere em tudo o que fazemos, na família, no amor, no trabalho, no sucesso, nos relacionamentos, na pessoa que queremos ser.

Aprender a ser bonita é um exercício.

Uma forma de tecer equilíbrio e harmonia dentro e fora de nós. Esse balanço nos ensina como reagir ao que nos acontece.

Existe um imenso potencial em nós que precisa ser descoberto. E a gente não pode perder energia e tempo se defendendo de ataques ou tentando ser aquilo que querem que a gente seja.

É preciso detectar e aprender a descartar os sentimentos inúteis e tóxicos que prejudicam nossa vida. Ideias e energias que nos drenam.

Quando nos desconectamos do que é essencial para nós, sentimos um vazio, ansiedade e até mesmo depressão.

A vida nos apresenta estradas, aventuras e surpresas. Descobri o prazer de estar atenta ao momento presente. Por sorte não cedi a nenhuma das pressões. Fui despertando meu poder e me preparei para vencer o medo e fazer as escolhas que eu queria.

Tudo começa na autoinvestigação. Compreender quem somos, o que podemos e queremos é uma longa jornada de autoconhecimento.

Você gosta de silêncio?

"Sabe o que é o silêncio?
É a gente mesmo, demais..."

Essas sabedorias, preciosas e miúdas, percorrem a obra de Guimarães Rosa. Ele observa as coisas mais simples com grandeza, aponta a nossa natureza e a matéria de que é feita nossa alma.

Recentemente uma tia minha, muito querida, partiu aos 93 anos da maneira mais serena possível. Foi lúcida e sem nenhuma doença. Apenas fez a passagem.

Como disse lindamente o escritor José Eduardo Agualusa:

"... foi desaparecendo aos poucos, como um-arco íris se dissolvendo no céu..."

Postei nas minhas redes sociais suas últimas fotos e um vídeo em que, juntas, olhávamos o pôr do sol. Minha tia dizia que a coisa mais bonita e importante da vida é o silêncio. E eu, quieta ao seu lado, a escutava comovida.

Somente na nossa própria quietude somos capazes de ouvir nossa voz interior. A voz do coração é a nossa conexão mais profunda. A nossa escuta é uma arte, e se é difícil aprender a escutar os outros, imagina conseguir ouvir a si mesmo.

O silêncio nos leva a um mergulho profundo dentro de nós,

o que não é uma coisa fácil. Na verdade é uma das mais difíceis e corajosas aventuras.

Aventurar-se no fluxo dos sentimentos, das sensações, das emoções que nos assombram e tantas vezes nos dominam exige muita força de vontade.

Existe tanta coisa a ser descoberta no silêncio. Tantas razões que a nossa razão não compreende, lógicas que não resistem à sensatez, raciocínios que nós mesmos distorcemos sem perceber.

E, se o silêncio nos proporciona essa conexão profunda, por que o evitamos? Por que uma grande maioria não suporta o silêncio?

Vivemos num tempo do excesso de tudo. Estamos mergulhados nessa ininterrupta centrífuga de informações, notícias, entretenimento, ofertas, onde tudo se mistura, onde se vive de extremos. Estamos nadando contra a corrente e tentando não nos afogar.

Tudo se embaralha e nos acelera numa busca incessante de estímulos, cada vez mais intensos e fortes. Precisamos do barulho em volta de nós; quanto mais, melhor. Gente falando alto, música alta, TV ligada, tudo nos atrai e nos distrai.

O barulho entorpece nossa capacidade de pensar e nossos sentidos. Passamos a operar na frequência mais grosseira.

Quanto mais alto o som, mais dano traz para o nosso cérebro.

"A quantidade de barulho que uma pessoa pode suportar está na razão inversa de sua capacidade mental", escreveu o filósofo alemão Arthur Schopenhauer.

O excesso de barulho embrutece e destrói a nossa sensibilidade, nos deixa imunes a delicados estímulos, impede sutilezas e influências artísticas, corta o fio e o fluxo de ideias e pensamentos.

Nossa atenção está cada vez mais fragmentada na rapidez do feed das redes sociais, numa confusão de imagens e assuntos. Ter déficit de atenção é inevitável.

Assim vamos ficando amortecidos, anestesiados e precisamos de doses cada vez maiores de barulho. E nesse avanço tecnológico tudo é muito e tanto e ao mesmo tempo e agora, numa velocidade impossível de acompanhar.

Vivemos na ilusão de participar desse agito, dessa balada num ritmo frenético, dessa dança, da vibração de uma festa que na verdade é uma agressão ao nosso ser mais refinado.

Estamos correndo atrás do que acreditamos ser a vida sentida na veia, a pulsação, e queremos mais.

O barulho ensurdece nossa sequência infinita de desejos inalcançáveis. Inventamos consumos e acúmulos e, com eles, ansiedade, ressentimentos, decepções e frustrações.

E tudo resulta num embrulho indigesto, tóxico e nocivo, que ingerimos constantemente sem perceber. E somos tragados pelo ralo desse refluxo, sem nos darmos conta desse mecanismo que nos envenena.

Precisamos de muito silêncio para nos limpar de tanta intoxicação. Precisamos escutar a nós mesmos para nos salvar, antes de sermos esmagados pelo rolo compressor do barulho.

Somos todos impacientes?

A vida nos desafia com os nossos defeitos. Um dos meus é a impaciência, e tudo demora mais pra gente impaciente como eu. É a ironia da compensação. Guimarães Rosa tem uma frase que eu adoro: "O mundo é meu, mas é demorado."

A gente sempre tem aquela impressão de que só pra nós é que as coisas demoram. E isso nos deixa ainda mais impacientes.

Curiosamente, a vida, sempre sábia, nos obriga a aprender. Por exemplo, para me ensinar ela me faz encarar tarefas que exigem paciência infinita: escrever livros, roteiros de cinema, temporadas de séries de tv, construir e reformar casas, plantar árvores e tantas outras funções, ofícios e exercícios que preciso tecer de forma lenta e gradativa para não me perder no caos.

Na abertura de um livro meu, escrevi: "O caos é a ordem natural das coisas." Foi parte do meu aprendizado de aceitação.

Assim como acontece nas lendas da mitologia, preciso executar tarefas que me obrigam a organizar a desordem natural da vida. E parece que não faço outra coisa.

Se você reparar, a desordem sempre prevalece. Ela se instala sorrateira, assim que você se distrai um segundo.

E, como os mitos são grandes lições, Caos é justamente o primeiro deus da mitologia grega. O início de tudo. A partir dele é que tudo se cria.

Até hoje o princípio é o mesmo. No início é o caos, seja sua tarefa grande ou pequena, tanto faz. O caos é a primeira de todas as etapas que é preciso vencer. E para superar será necessária aquela extraordinária paciência, que eu não tenho, mas me obrigo a ter.

Nada vem pronto, nem o amor, nem o trabalho. Nem mesmo a sua felicidade. E, é claro, nem você mesmo.

Dimensionar esse caos interno e externo é o começo. Nossa confusão de sentimentos. Nosso turbilhão de pensamentos. A vertigem dos acontecimentos em volta de nós num mundo que precisamos entender, tentar resolver e melhorar.

Diante disso tudo, ser impaciente é um traço quase infantil que permanece e a gente só vai superar com muita dedicação. Com paciência a gente se livra de grande parte da nossa ansiedade.

E por que essa é uma das doenças do século? Por que vivemos num momento tão ansioso? E como combater isso?

A ansiedade é a exacerbação da impaciência. Um movimento acelerado dentro de nós gera um ritmo quase impossível de viver. Estamos sempre de olho no momento seguinte e no próximo, sem conseguir parar no instante em que estamos. A insatisfação do presente.

Não temos paciência de ler a frase, pensar no que estamos lendo, interpretar, associar, compreender e com isso transformar.

Nossa atenção não tem paciência. Quer dispersão imediata. Fragmentos visuais e auditivos. As redes sociais aceleram a nossa impaciência e talvez estejam na raiz do nosso déficit de atenção. Cada vez mais nós mesmos geramos o caos e o alimentamos. E, quando não o deciframos, ele nos devora.

Vivemos nesse tumulto que nos desorienta. Geramos a confusão que nos cerca.

Somos vítimas do nosso próprio descontrole, até que o corpo, a mente e o espírito adoeçam. E aí somos obrigados a parar.

Para vencer essa centrífuga em que nos colocamos, é necessário treino e atenção.

Precisamos nos concentrar no oposto, fazer com dedicação as coisas pequenas que precisam de muita paciência.

Quem sabe essas tarefas diárias singelas que parecem perda de tempo não sejam de fato o nosso paciente exercício para sermos mais felizes?

Quem não concorda está errado?

Você é dos que acham que existem dois tipos de pessoas no mundo, as que concordam com você e as que estão completamente erradas?

Quando se vive de certezas absolutas, é difícil escutar o que o outro tem a dizer. Fica impossível mudar de ideia, e completamente fora de questão reconhecer que se está errado e dar razão ao outro. E por aí vão os mais variados tipos de comportamento, que convergem e se resumem a um só: Eu estou certo e qualquer um que não concordar comigo está errado e ponto final.

Quando somos inflexíveis, tudo dentro de nós endurece. Por mais que você acredite que só você tem a verdade, saiba que a razão aprisiona também.

Todo fluxo de energia vital dentro do seu organismo se altera com esse tipo de atitude. Você não deixa a energia fluir. Perde a visão abrangente dos fatos e fica estagnado, imutável. Você impede que sua mente absorva novas ideias, influências, informações.

O bloqueio que você criou é uma muralha, uma fortaleza interior que ninguém pode transpassar. Você automaticamente se desconecta de quem discorda de você e ignora tudo o que difere de sua convicção. Destrói as pontes e constrói muros. E as muralhas se fecham ao seu redor e formam as grades da sua prisão.

Seu maior algoz é o seu próprio ego, o orgulho que o impede de quebrar essas paredes e se libertar.

Alguém inflexível não é capaz de se adaptar. Não consegue lidar com mudanças, imprevistos e nada que questione suas certezas.

Essa rigidez e essa intolerância são pesos que impossibilitam o avanço, a evolução.

Muita gente age assim por uma falsa ideia de segurança. Por repetir comportamentos sem repensar, argumentos sem rever valores. Pelo medo de perder o controle das coisas.

Mas nenhum de nós está no controle de nada. E estes tempos estão nos mostrando isso com muita clareza.

Só a flexibilidade traz leveza, como o bambu, que não quebra com a ventania. Quem melhor se adapta é quem melhor sobrevive.

Brigar com a vida é criar permanente antagonismo e conflito. Certezas absolutas irremovíveis produzem polarizações, ódios acirrados e nos colocam uns contra os outros.

Esse mecanismo acontece em qualquer escala e cenário. Entre países, ideologias, religiões, torcidas, famílias, amigos e até mesmo entre um casal.

É a raiz de todas as brigas e de todos os rompimentos.

Desde criança, quando via uma briga ou discussão acalorada, eu imaginava uma cena assim:

Num estalar de dedos as duas pessoas paravam e durante dez minutos trocavam de papéis. Uma teria que defender com a mesma veemência o que a outra vinha defendendo e vice-versa.

Durante uma breve trégua elas tinham que trocar de pontos de vista. A verdade absoluta de uma passaria a ser a verdade absoluta da outra.

E somente assim, nessa troca de posicionamentos, uma poderia entender profundamente a outra. Lembro que cheguei a sugerir isso para os meus pais, que continuaram brigando, sem dar a menor importância à minha solução.

Hoje ainda acho que seria útil. Difícil é conseguir convencer o outro. E quem não concordar está errado.

Guerra de egos

Durante uns dias de férias na praia, toda manhã andamos alguns quilômetros limpando tudo o que é lixo jogado na natureza.

Mesmo numa praia deserta e fora de temporada, tem um monte de plástico, embalagens, saquinhos, garrafas, canudinhos e coisas que alguém teve a coragem, a displicência e a negligência de jogar na praia. Difícil se conformar com as gigantescas ilhas de lixo que espalhamos nos oceanos e a quantidade de animais que morrem por isso.

A faxina faz parte da minha vida e considero o mar um santuário que precisa ser preservado. É difícil entender essa falta de consciência e atenção de atirar coisas por aí.

Muita gente pensa: Não vou limpar porque não fui eu que sujei.

Eu penso que isso pouco importa. Eu limpo tudo o que posso porque amo a natureza.

A falta de educação está presente em todas as classes sociais. Numa manhã dessas, encontrei a dona de uma casa elegante e pedi ajuda para esvaziar uma cesta de lixo que fica logo em frente à sua propriedade na praia. Ela diz que se importa com o meio ambiente, mas sua resposta foi:

"Essa cesta não é minha, tá na divisa com o meu vizinho e é ele que tem que limpar!"

Tentei argumentar que o lixo transbordava da cesta abarrotada, que se a maré subisse muito poderia levar tudo, mas ela estava apegada à sua razão e não parecia disposta a mudar de ideia. E assim não limpou. Nem ela nem ele.

Quem perde nessa batalha de egos? Importa quem tem razão, se quem realmente sofre as terríveis consequências é aquele mar lindo diante da casa dos dois?

Fiquei pensando em como essa inflexibilidade faz mal a tudo e a todos.

De certa maneira é o que acontece numa briga de casal que se separa. A disputa entre os dois é de ego, de quem vai vencer a parada, do amor que virou raiva, ódio e desejo de vingança.

Essa energia transforma uma suposta ideia de razão numa atitude totalmente irracional.

O resultado disso é só destruição. Se há filhos na jogada, são as crianças que ficam no centro do campo de guerra, sempre as mais atingidas.

Nessa relação, cada um se deixa dominar por um estado mental tão corrosivo que nem percebe mais o mal que está fazendo para os filhos.

Essa guerra deixa marcas indeléveis na alma desses seres em formação, que são jogados de uma briga pra outra, ansiando desesperadamente por paz.

Importa vencer essa luta? E fazer tanto mal pra si mesmo e pra quem você mais ama? Que importa quem tem razão? E que razão é essa, tão nociva, tão tóxica, que vai envenenar a todos?

Existem muitas situações similares com o mesmo efeito massacrante. Seres humanos e natureza são vítimas de uma posição egocêntrica, de poder, de orgulho, dessa absoluta falsa sensação de superioridade.

Essa é a arma dos fracos, e não dos fortes.

Os fortes compreendem que o orgulho e a soberba são uma cilada. Querer vencer uma disputa de egos é se tornar prisioneiro da própria armadilha.

As pessoas de alma nobre não se importam de ceder, limpar, perder, de buscar uma atitude serena, porque sua missão é maior.

A verdadeira grandeza está em servir, porque essa é a evolução do espírito. O exercício da humildade exige coragem. É preciso ser muito forte para se despir do ego e se expor.

O ato de servir nos eleva tanto que mesmo com os pés no chão somos capazes de alcançar estrelas. Quem se liberta do ego conhece o verdadeiro poder e descobre o caminho secreto entre as constelações.

Ego e colesterol

Egotrip é coisa de iniciantes. De quem logo de cara cai na primeira cilada e se deixa seduzir pelo demônio mais idiota.

Aquele que comete o mais banal dos pecados: soberba, vaidade, futilidade, arrogância, coisas que mostram como é estúpida a ideia de superioridade. Como é pobre a ostentação.

Falta de noção. Você só vê o brilho do show e não os bastidores, com um monte de gente ralando para que aquilo aconteça, inclusive o astro do show.

Quem só mora na aparência das coisas não sabe que qualquer cenário precisa de estrutura para se segurar. Quem sonha com a efêmera fama que arranque o véu da invisibilidade precisa ser capaz de olhar para os outros.

Quem se deixa capturar na intrincada teia do sucesso acredita no que vê de fora e ignora o que se passa dentro.

Gente que vive da fachada, só fica na superfície sem nunca compreender que atrás de todo personagem existe a profundidade da história de uma vida.

Eu me lembrei do filme *Advogado do diabo*, em que Al Pacino, fantástico como demônio, diz a famosa frase: "Vaidade, definitivamente meu pecado favorito." Provando que para o sedutor satã a vaidade é a raiz de todos os pecados, o pior e o mais demoníaco deles. Da vaidade nascem todas as distorções.

Sempre percebi que viver nos apresenta ciladas, encruzilhadas, escolhas de rumos diversos. Um passo em falso e pronto, caímos. Nos deixamos conduzir pelo ego, pelo nosso pior. Um manipulador que mora com a gente, um sedutor que sussurra coisas perigosas.

"Não me deixeis cair em tentações, mas às vezes deixeis", li num grafite bem-humorado.

Sucesso, fama, grana, elogios não fazem de alguém necessariamente uma pessoa melhor. Tudo pode ser unidimensional. Uma festa onde a alegria é fabricada pra disfarçar o vazio. Onde as gargalhadas encobrem o desespero, e o barulho precisa ser intenso porque ninguém quer escutar sua própria voz interior. O ego pode ser um palco brilhante e uma experiência oca.

As redes sociais podem ser extremos condutores de vaidades fabricadas a partir de coisa nenhuma. São os famosos 15 minutos de fama enunciados por Andy Warhol. O que poderia ser uma excelente maneira democrática de distribuir o sucesso acaba se revelando uma triste guerra de imagens que tantos travam consigo mesmos. O que poderia ser uma magnífica revelação de talentos pode se transformar na maratona desesperada de dançar até a última fímbria de resistência.

Reflexos artificiais onde as pessoas deixam de se reconhecer para tentar a qualquer custo a semelhança com um rosto padrão, com um corpo padrão, transumano e desumanizado, que resulta numa insatisfação generalizada. Uma fonte inesgotável de conflitos.

Mas o ego é como o colesterol. Existe o ego bom e o ego ruim.

Precisamos do bom para nos erguer, motivar, dar identidade e ter confiança do que somos e podemos ser. Do que fazemos e podemos fazer. É o chacra do plexo solar, que nos conduz e posiciona na vida.

Muitas ciladas se apresentaram no meu caminho e vi que rótulos não me definiam e a vaidade não traduzia as coisas que mais me interessavam.

Aprendi logo a cuidar do ego e do colesterol.

Popular na escola

Outro dia me perguntaram se fui uma dessas meninas populares na escola. Não, não fui. Pelo menos nunca me senti assim. Eu me via meio esquisita correndo descabelada pelos corredores. Escolhia as amigas com mais problemas e maior senso de humor. Normalmente eu era expulsa da classe por provocar risadas. Eu e as loucas que gargalhavam comigo de castigo no corredor.

Muitas vezes no recreio, sozinha, me enfiava na biblioteca descobrindo livros de poesia.

Eu escrevia boas redações mas isso não me classificava em popularidade, só ajudava a equilibrar a matemática que era uma tortura, com a professora mais chata que se pode ter.

Tinha problemas triviais, falta de saco pra estudar, falta de grana, vivia confusa, detestava obedecer, tinha dificuldade de me encaixar nas regras, de sentir repressão. Escrevia diários onde confessava emoções repentinas. A euforia ia de "a vida é maravilhosa" até "o mundo não me entende, sou infeliz", tudo na mesma frase.

Tive amigas inseparáveis, grudadas, com problemas bem maiores que os meus. Fui compreendendo famílias disfuncionais. Comecei a conhecer sofrimentos que não tinha dentro de mim. O abandono de um pai, a mãe com depressão, o suicídio de um irmão. E falta de amor.

O drama das amigas trazia temporais sem abrigo e eu precisava tirá-las desse poço. Os problemas delas se agravavam por uma espinha na cara ou um amor secreto que as ignorava. Aprendi a transmutar suas dores com uma conversa, um doce, um cinema.

Hoje percebo quanto isso me ajudou. Elas me ajudaram mais do que eu as ajudei. Minhas três melhores amigas se autodefiniam como problemáticas e isso fazia com que eu me preocupasse mais com elas do que comigo. O que me impediu de viver muito voltada pra mim mesma nessa fase inicial da vida, quando o universo só gira em torno do nosso umbigo.

No entanto, eu precisava girar em volta delas, tentando aplacar ataques de choro, de fúria, de depressão, de não quero sair de casa porque eu tô feia e coisas assim. A gente acabava comendo vários pedaços de bolo com sorvete pra depois se entregar ao açoite do arrependimento.

Eu me via usando todos os meus recursos de alívio e consolo. Usando o meu arsenal de humor como distração. Eu precisava ser engraçada pra elas saírem desses momentos de infelicidade.

Desenvolvi meu humor graças a elas e também por causa de minha mãe, que tinha um senso de humor extraordinário. Mas às vezes, derrubada por problemas cotidianos, ela se deixava abater. E eu, com piadas, palhaçadas e personagens, fazia qualquer esforço possível para minha mãe ficar feliz.

Uma vez na aula tivemos que fazer um desenho para o Dia das Mães, e um menino começou a chorar. Disse que não tinha mãe. Fui eu que o socorri e sentei ao lado dele, inventando gracinhas. Acho que essa sensação de poder fazer alguma coisa pelos outros se revelou cedo pra mim e nunca mais me abandonou.

E assim consegui me salvar. Ao invés de ser o centro das atenções, era eu quem precisava prestar atenção nos outros.

De tudo o que aprendi na escola, isso foi o que mais me preparou para a vida.

Limpando a alma

Sou daquelas que adoram limpar gavetas, esfregar prateleiras e armários, arrumar, organizar, rever, doar, jogar fora. Limpo com empenho, obsessão e muito prazer. Em resumo, gosto e sou boa de faxina.

Vivo, como todos, na correria e na pressa do cotidiano, nesse acúmulo do mundo contemporâneo, onde se junta mais do que se precisa. Manter a ordem e a organização é um desafio constante. Por exemplo, ando soterrada de livros que compro constantemente, na certeza absoluta de que um dia vou ler todos. E vou, porque não sou de desistir, mas eles tomaram conta do meu escritório e da minha casa e estão me empurrando para um canto cada vez menor.

O planeta regente do ano passado foi Marte. Na mitologia romana Marte era o deus da guerra. Sob sua regência tivemos um ano de combates, de confrontos, de energias antagônicas, mas também de força interior e iniciativa para tomada de grandes decisões.

E foi um ano de limpeza, de renovação, de lidar com desordem externa e interna e conseguir se livrar de tudo que não precisamos mais carregar.

A limpeza começa pelas coisas materiais que nos cercam. A busca da ordem e harmonia do que temos ao redor. Eu não consigo ser produtiva sem tudo organizado e arrumado em volta de mim. A desordem drena minha energia. As coisas nos lugares certos trazem beleza e serenidade. Dá trabalho, mas faz bem para o espírito.

Arrumar o exterior é uma tarefa bem mais simples do que adentrar nas nossas cavernas interiores.

O desafio maior é sempre mergulhar dentro de nós.

Somos seres complexos e aos poucos vamos descobrir pesos que carregamos sem perceber. Tantas cargas emocionais que suportamos, lixos que se acumulam em algum lugar da nossa alma e que foram largados, escondidos, esquecidos, insolúveis.

Raiva, ódio, frustrações, ressentimentos são nós dessas correntes atadas aos nossos pés, que impedem nossos movimentos. Nos armamos de gatilhos e nos tornamos um campo minado onde já não se pode andar despreocupado, nem correr livremente.

É preciso muita coragem para entrar nesses porões da alma e acender a luz. Podemos ver o que não queremos. Muitas vezes, escolhemos apagar a luz, fechar a porta e fugir.

Mas também temos em nós a capacidade de encarar o que existe, ponderar todo esse acúmulo da vida e tomar uma decisão.

Já não importa mais a razão nem o porquê de aquilo estar lá. Histórias passadas, sujeiras antigas, desnecessárias. Reminiscências que, juntas, se compactam e formam um bloco escuro e sólido, que impede a nossa leveza.

Hora de limpar.

Hora de usar a nossa luz para iluminar e enxergar a nossa sombra. Hora de definir quem somos e quem seremos a partir de agora.

Podemos entrar nessa caverna sem medo. Nada ali é permanente e tudo pode ter um novo significado.

Nenhuma escuridão dura para sempre.

Lembrei do verso de um poema meu que diz: "Depois de toda noite vem a aurora."

É hora de ver a sua aurora brilhar.

Deixa que eu cuido

Vou confessar: sou uma pessoa exausta. E a razão não é o meu trabalho, nem todas as tarefas e atividades que faço. Não é porque me envolvo em tantas coisas nem porque tomo conta e cuido de tudo, não é isso.

Sabe o que me deixa exaurida? O tremendo esforço que faço pra mudar o mundo. Reformar minha cidade, botar em ordem meu bairro, dar melhores condições para as periferias.

Não tenho poder nem cargo público, mas quero acabar com a fome, limpar os rios, preservar as florestas. Quero dar um jeito para que as pessoas possam viver com dignidade.

Tudo em mim vai do pequeno ao grande, num movimento circular e obsessivo de querer resolver cada problema que vejo.

Vai desde refazer a calçada, tirar lixo das ruas, dos córregos, dar saneamento básico para toda a população, até pintar os muros, limpar os túneis, dar abrigo e comida para todos os animais abandonados e de alguma maneira organizar o caos em volta.

O que me alivia um pouco do peso dessa força-tarefa é ver que tem muita gente mais competente do que eu que defende essas causas.

São pessoas que facilitam enormemente meu trabalho e eu só preciso me voluntariar pra ajudar, colaborar e fazer campanhas para divulgar.

Gente que luta contra o desmatamento, planta milhares de árvores, cria parques em áreas carentes. Gente que defende os povos indígenas, as mulheres em situação vulnerável, que luta contra o abuso, o racismo, a homofobia, a misoginia e todos os preconceitos absurdos da nossa sociedade.

Olho as coisas desde menina e me sinto responsável por elas. Desvirei muito tatu-bolinha agoniado, encontrei lar para centenas de gatinhos jogados no lixo, vivo em missão desde minha primeira infância. E eu, que mal tenho condições de controlar meu cabelo, imagine controlar o que acontece no mundo...

Tudo me dá um inesgotável trabalho diário. Querer cuidar das coisas além do meu poder, sobre as quais não tenho o menor domínio, drena muito da minha energia.

Muitos anos atrás escrevi um desabafo no poema "Céu de amianto", que faz parte do livro *O perigo do dragão* e também está em *Poesia reunida*:

Não sei resolver o mundo
mal resolvo meu próprio coração
e tudo me consome...

Décadas se passaram e esses versos continuam dentro de mim, sem solução. Quero abraçar o mundo, ir resolvendo causas que me são queridas, que falam ao meu coração e mal sei o que fazer. Continuo carregando essa sensação de que preciso cuidar de tudo, gente, bichos, matas e oceanos, e dói dentro de mim a minha própria impotência.

Passo por milhares de pessoas desconhecidas nas ruas e tenho a impressão de que entendo seus sonhos e suas emoções. Sinto que de alguma forma eu poderia ajudar, aliviar, escutar, abraçar.

E, no entanto, sigo meu caminho e posso parecer indiferente, quando na verdade me sinto dilacerada por não fazer nada.

Quem está ao meu lado vive me dizendo que não sou responsável pelo que acontece no mundo, que isso parece uma espécie de egocentrismo, que não adianta catar o lixo da praia, porque quando eu não estiver lá o lixo vai permanecer, afinal cada um se vira e ninguém precisa de mim.

Eu é que preciso conseguir me convencer disso, parar de querer cuidar de tanta coisa e prometer descansar.

Os doze trabalhos de Hércules

Uma das mais conhecidas passagens da mitologia trata de um personagem bastante complexo: Hércules. Foi um herói e um semideus, pois era filho de uma mortal chamada Alcmena e de Zeus, o principal deus dos gregos.

Hércules para os romanos, Héracles para os gregos, ficou famoso por sua força física imbatível. Sua história trágica e intrincada tem elementos de traição, ciúme, loucura, vingança, arrependimento, culpa e grandes conflitos, como tudo que envolvia os deuses.

Mas a missão de realizar 12 trabalhos considerados humanamente impossíveis foi a grande façanha que construiu sua fama.

A mitologia é justamente uma construção de mitos, lendas e símbolos e da sua interpretação desde as culturas ancestrais.

O número 12 é cabalístico, presente nos primórdios da civilização. As tribos de Israel eram 12. Doze foram os cavaleiros da Távola Redonda. Jesus Cristo teve 12 apóstolos. O ano se divide em 12 meses. O dia e a noite em 12 horas. São 12 os signos da astrologia. No Tarô o Arcano 12 promete trabalho, luta e sofrimento. E até hoje uma dúzia é nossa medida para quase tudo.

Hércules representa a incessante luta do ser humano diante de tarefas impossíveis, descobrindo seu poder, buscando sua liberdade e vencendo monstros internos e externos. Assim conquistamos força e perspicácia para avançar em cada etapa da jornada.

Acredito que todos nós passamos por pelo menos 12 trabalhos hercúleos. Cada passo da nossa trajetória é repleto de obstáculos, dificuldades e confrontos. Bate constantemente na nossa cara o vento da adversidade. No meu poema "Gaia", há um verso que diz:

carrego pedras no bolso
e enfrento ventanias...

Na minha vida contei pelo menos 12 grandes desafios, que me pareciam impossíveis de realizar e foram transformadores. Façanhas que se apresentaram e que eu não acreditava que conseguiria fazer. Todas estavam muito acima do que eu me sentia capaz.

Experimente você também fazer uma retrospectiva dos acontecimentos de sua vida. Com certeza você vai enumerar batalhas extraordinárias que marcaram etapas do seu caminho e você nunca imaginou que saberia enfrentar. Pense em todas as suas superações e conquistas.

Todos nós temos vitórias internas, silenciosas, simbólicas. Não existe comparação, nem competição, nem mesmo qualquer ostentação nessas conquistas. Porque o único efeito que realmente importa em cada uma delas está dentro de nós. Só nós sabemos o que vencemos.

Lutamos contra nossos medos, nossos fantasmas, nossos próprios pensamentos. Precisamos superar o peso dessa bagagem que carregamos. E vamos continuar realizando todas as tarefas gigantes que parecem além das nossas forças. Temos sonhos, relacionamentos, contas pra pagar e uma infinidade de pequenas batalhas diárias, inevitáveis.

Mas existem aquelas que transformam nosso destino. Grandes enfrentamentos que nos fazem descobrir nosso poder.

Somos nós, mesmo sem perceber, as heroínas e os heróis da nossa própria jornada.

O urgente é importante?
E o importante é urgente?

Você sabe a diferença entre coisas importantes e coisas urgentes? A qual delas você tem dado mais atenção?

Você compreende a diferença entre atividade e ação?

Qual das duas você acha que anda fazendo mais?

Se isso ainda não está claro para você, vamos tentar separar e entender melhor essas coisas.

Você se identifica com alguém que mal consegue parar, respirar, sossegar uns minutinhos que já tem um milhão de tarefas para fazer?

Você é das que vivem correndo desabaladamente num agito que não para? Todas as situações que se apresentam para você resolver são sempre emergenciais? Você vive com a impressão de ter que apagar constantes incêndios? Às vezes se sente tão desesperada como alguém que estivesse com o cabelo pegando fogo e procurando um lago?

Se você respondeu afirmativamente a algumas dessas perguntas, sua rotina é de urgências. Você vive num estado contínuo de atividades.

A vida realmente é cheia de itens. E ninguém consegue zerar essa lista, nem dizer pronto, concluí tudo, fiquei livre. Porque nós sabemos que isso não existe. Quando alguém me diz que não tem nada pra fazer, confesso que não entendo e sugiro coisas importantes e urgentes, como se voluntariar para ajudar pessoas, bichos, o meio ambiente.

Quando estamos sobrecarregados com as urgências do cotidiano, sobra pouco tempo pra parar e ter uma visão mais ampla que nos ajude a diferenciar o que é vital. Cuidar da nossa saúde física, mental, emocional, psíquica e espiritual. Saber o que se passa com a nossa cabeça e com as nossas emoções.

Saber o que anda na cabeça e nos sentimentos dos nossos filhos e das pessoas que amamos. Diagnosticar qualquer pequeno sintoma no nosso relacionamento amoroso, qualquer ruído, qualquer dissonância. Não negligenciar o importante por causa do urgente. Curiosamente o importante é mais sutil, enquanto o urgente está sempre aos gritos.

Nossa alma é feita de delicadezas que não são visíveis ou evidentes. Para elas é preciso redobrada atenção. É preciso parar um pouco, respirar, interromper as infinitas atividades que nos mantêm tão ocupados e ter um momento nosso, sem tanta pressão.

A atividade é ocupação. A ação é estratégia. Parar pra pensar e conseguir observar de fato em volta de nós.

Mudanças acontecem na vida e fazer mudanças exige a escolha e o planejamento da ação em vez do movimento contínuo de quem está sempre ocupado.

Quando não temos tempo de pensar, não conseguimos dar um rumo ao que queremos. São as coisas que nos levam e não nós que as levamos. De repente viramos gravetos na enxurrada em direção ao bueiro.

Vamos sempre continuar ocupados, essa é a rotina da existência. Mas precisamos de um tempo, mesmo breve, para um detox de todas essas atividades.

Só assim vamos saber escolher entre o urgente e o importante.

Quem está comigo nessa procafeinação?

Sabe aquela ideia de procrastinar? Você deve conhecer esse sentimento porque na nossa vida tem sempre algumas coisas que se arrastam. Algumas coisas que, por motivo desconhecido, a gente olha e tem o impulso de adiar... pra resolver sabe Deus quando. A gente empurra para a frente, para o lado, para baixo do tapete, para algum lugar seguro onde aquilo possa, de preferência, ser esquecido.

Mas é claro que tudo é cíclico e a coisa vai voltar. Vai nos encarar de novo, exigindo uma solução. Só que, depois de uma breve consideração, a gente empurra pro lado, enfia numa pilha e esconde mais uma vez.

Nunca é muito claro para o procrastinador por que ele escolheu aquela determinada coisa para não ser feita.

São várias emoções e nenhuma delas é muito consciente. Medo, preguiça, aversão, falta de conhecimento, certeza de que vai errar ou simplesmente porque aquela coisa faz parte das que a gente odeia fazer. Ou seja, tem um monte de razões, mas todas imediatamente se transformam numa nebulosa indecifrável.

Somos todos falíveis, porém detestamos falhar. E o ego insidiosamente sussurra no nosso ouvido: *Você vai falhar.*

A melhor escolha naquele instante é bem óbvia. Sua resposta mental inconsciente é: *Eu não vou falhar, simplesmente porque eu não vou fazer.*

O instinto de sobrevivência emergencial resolveu nos afastar de todo e qualquer perigo. Tem solução melhor?

Não fazendo você jamais será testado, julgado, criticado, nem por você mesmo. É sem dúvida a melhor opção. Vou dar uma descansada aqui e depois cuido disso, vou dar uma distraída e dar uma checada (durante horas) nas redes sociais e depois eu vejo isso. Precisa ser agora? Ah, agora me deu um cansaço só de pensar.

E bora adiar que nada é pra já.

Cada um de nós tem seu jeito de lidar com o acúmulo. Tem gente que consegue não ligar a mínima. Se tudo desmoronar que se dane, vou é tomar uma cerveja. Tem gente que fica andando com uma nuvem escura em cima da cabeça e se culpando por não fazer o que precisa. E tem gente que se esforça e promete tudo pra segunda-feira.

Procrastinar faz a gente arrastar correntes, carregar pesos, mesmo que não aparentes. Faz a gente se frustrar quando as coisas não acontecem e os resultados não vêm. Faz a gente se cobrar pelo que não fez, mesmo que a gente esqueça o que tinha para fazer.

Uma boa sugestão é não se importar de errar e aprender a achar graça naquilo que não dá certo. Porque mesmo os erros sempre podem nos levar por caminhos inesperados e interessantes.

Quando a gente faz e tira da frente, movimenta energias e coisas novas sempre aparecem. E fica aquela satisfação quentinha de quem conseguiu concluir uma tarefa.

Ufa! Eu sei que ainda tem um monte de outras coisas me esperando e vou dar uma sugestão: e se a gente mudasse o verbo?

Se em vez de procrastinar a gente resolvesse procafeinar?

Vamos inventar uma palavra e aplicar na nossa vida.

Procafeinar: adiar brevemente alguma coisa pra tomar um café antes. Que tal a ideia?

Bom, agora eu mesma vou procafeinar um pouco e depois continuo.

Meu primeiro público

Minha família sempre foi liberal. Tive a sorte de ter pais inteligentes, cultos, pensadores, gente de arte e cinema. Recebiam muitos amigos e nessas pequenas reuniões filosofavam noite adentro sobre o sentido da vida. Eu, em vez de dormir, ficava sentada, escondida no topo da escada, escutando, mesmo sem entender nada.

Eram conversas profundas de adultos e eu brincava de repetir alguns discursos sem sentido nenhum para a minha primeira plateia: meus cachorros e gatos.

Outras noites minha mãe ficava lendo histórias para me fazer dormir. Lia livros que guardei, encadernei como tesouros e tenho até hoje: os contos de fadas de Andersen e dos irmãos Grimm, os poemas de Carducci, *O príncipe feliz* de Oscar Wilde e outros.

Ela lia também todos os libretos de ópera, com seus dramas e tragédias tão intensas que eu imagino quanto isso mexeu com a minha estabilidade emocional.

Lembro também quando minha mãe me ensinou a rezar. Minha família não era particularmente religiosa, mas eu sentia que suas orações eram poderosas e recorri a elas inúmeras vezes na vida.

Essa mistura toda de conflitos e sentimentos fez nascer dentro de mim um desejo de compreender os seres humanos, uma curiosidade por essa imensidão que se descortinava diante de mim.

Cresci com uma forte imaginação, um mundo interior rico em influências que alimentei com leitura e um tremendo desejo de voar.

Aos poucos uma certa rebeldia crescia no meu espírito livre. Fui descartando a rigidez das convenções, desobedecendo sistematicamente às imposições de uma sociedade que me parecia rígida e alheia a tudo o que eu considerava essencial.

Meus pais eram meu refúgio. A gente sempre teve uma espécie de cumplicidade que só o amor sabe como criar.

Com o tempo cada um deles foi ficando mais claro para mim. Meu pai era o intelecto, a precisão, a paixão pela lógica e meu porto seguro.

Minha mãe era a paixão pela vida, a emoção, uma explosão de criatividade e de humor.

Ela despertou meu interesse por questões espirituais. Por instinto troquei regras rígidas por liberdade. Troquei a obediência pela devoção ao que amo e descobri que existe disciplina, foco e busca pela excelência quando fazemos o que nos toca o coração.

Nessa jornada vivenciei outras comunhões, passei por muitas experiências espirituais, místicas, conheci mestres e amigos e conversamos profundamente sobre o sentido da vida. Enfim eu entendia as conversas noturnas dos meus pais e seus amigos.

Alinhei esses pensamentos com as leis do Universo e a abrangência de Deus. Conheci ateus que rezaram em momentos críticos dentro de hospitais e religiosos que se tornaram céticos diante das tragédias do mundo.

Mesmo que muitas vezes seja difícil compreender todo o Mal que existe, ainda acredito no caminho do Bem. Ainda acho que o Bem é a grande maioria. Ainda apelo às orações da minha mãe e aprendi a usar minha instabilidade emocional na minha dramaturgia, como escritora e roteirista.

Sei que meu público aumentou, mas mesmo assim continuo minhas conversas sobre o sentido da vida com o meu primeiro público: minha plateia caseira e desatenta de gatos e cachorros.

Somos todos rebeldes?

Fui, sim, uma garota rebelde e acho que a rebeldia é uma reação natural de quase todos que descobrem o mundo e não se conformam com esse estado das coisas. Todo adolescente que se preze quer mudar o mundo.

A indignação, a revolta e o desejo de justiça são coisas tão grandes dentro do nosso peito, que a gente se desespera por ter que conviver com um sistema desigual, desumano e destrutivo, que opera de uma forma inaceitável.

Essa energia rebelde pode gerar polos opostos.

Pode ser um amálgama de sentimentos, uma profunda empatia pela humanidade, por todos os seres viventes e pela natureza, que vai tornar emergencial a gente batalhar por um mundo melhor.

Ou pode se transformar numa revolta seca, num sentimento oco de exclusão. Nesse caso, a gente sente que não pertence, é invisível, ignorado e esmagado, e vem a urgência de querer que tudo em volta exploda.

Entre esses dois polos existem, é claro, tantas nuances de sentimentos que seria impossível catalogar todas aqui. De uma forma ou de outra, a gente oscila entre elas conforme as notícias que nos atingem.

Como roteirista e escritora preciso tentar entender essa gama de emoções que às vezes saem do controle e geram terríveis acontecimentos.

Preciso tentar compreender coisas que tantas vezes não entendo, comportamentos absurdos e surreais que, por mais alarmantes que sejam, fazem parte do nosso cotidiano. Preciso escrever e defender personagens com os quais não concordo, porque qualquer um, por mais bizarro que pareça, nunca é unidimensional.

Hoje minha compreensão é maior. Aprendi a canalizar minha energia rebelde para causas específicas. Ainda tenho em mim a adolescente que quer melhorar o mundo, mas hoje busco caminhos inovadores para isso.

Na História, as transformações fortes e relevantes resultaram de mudanças radicais de valores. Movimentos sociais que trouxeram novas perspectivas ressignificaram uma nova escala de pensamento. Direitos humanos, feminismo, combate ao racismo, o mundo vem sendo repensado.

Não se trata de um governo contra o outro, um partido contra o outro, um homem contra o outro. Mas, sim, de governos, partidos e homens unidos em uma nova visão, uma quebra de paradigma e uma nova escala de valores.

Por piores que as coisas possam parecer, estamos avançando inevitavelmente para isso. Mesmo com abusos e violências extraordinárias, estamos caminhando para acabar com a fome no mundo e instaurar a energia limpa para a sobrevivência de um planeta sustentável.

Acredito que o Universo evoluirá da distopia para um movimento gradual sintrópico que vai se tornar exponencial.

Essa gigante evolução começa justamente no cerne do próprio sistema. No mercado financeiro, no mundo empresarial. Grandes empresas mundiais estão mudando porque sabem que quem não mudar não sobreviverá. Essa grande revisão de vida vai ser mais acelerada do que imaginamos e cada um de nós vai precisar repensar suas escolhas.

Vamos ter que limpar restos de estragos, pesos inúteis e alinhar nossos propósitos para encontrar equilíbrio nisso tudo. Essa será a grande transformação deste novo milênio.

E nós, seres pequenos e imperfeitos, vamos nos adaptar tentando descobrir quem somos no meio disso tudo, que sensações nos guiam, que astros nos regem, como vamos lidar com tantos sentimentos confusos e como podemos nos equilibrar quando a Terra se move.

O negócio do Barão

Um dia na praia apareceu um cachorro tão magro, tímido e abandonado que me apaixonei imediatamente. Era cor de areia e foi me seguindo com um olhar misto de esperança e gratidão. O carinho que fiz nele bastou para que me adotasse.

Levei ele para casa e depois de um tempo, superbem cuidado e alimentado, parecia outro. Revelou sua personalidade bem-humorada e uma grande facilidade para dominar as circunstâncias e se posicionar como dono do pedaço. Minha caseira o chamou de Barão e parece que ele sentiu um certo orgulho do nome.

Sua situação era de liberdade absoluta e o Barão fazia o que queria, ia pra praia e voltava quando bem entendia. E ficou lindo, com o pelo brilhante, mas nunca perdeu aquele olhar de súplica capaz de comover qualquer um.

E ele sabia disso. O que eu não sabia é que usava justamente isso para seus negócios paralelos.

Barão saía de casa todos os dias ao meio-dia e só voltava umas duas horinhas mais tarde.

Ficamos curiosos para saber aonde ia. Que encontros furtivos ele tinha, que vida secreta levava?

Até que um dia descobrimos seu plano. Ele calculava a hora do aperitivo numa elegante pousada próxima e ia se mimetizando na areia até escolher as mesas onde sacava petiscos saborosos de gente de bom coração. Combinação perfeita pra deitar aos pés, com seu olhar pidão, e receber delícias muito superiores à sua ração. Ele se arrastava pelas mesinhas de praia onde os hóspedes, felizes com suas caipirinhas, curtiam repartir com ele pedacinhos de filé, peixe, polvo, lulas, até camarões.

Um dia foi seguido até em casa por umas crianças que, morrendo de pena, queriam dividir com ele um prato de bacalhau. Ficaram surpresas de saber que ele tinha casa e dono e ele olhou pra gente com aquele ar constrangido por ter sido flagrado. Não que ele tivesse muita vergonha na cara, mas tinha a manha de ter sobrevivido de biscate a vida inteira e agora, que estava lindo e limpo, conseguia as melhores ofertas.

Resolvi botar uma coleira nele para evitar essa confusão, mas dois dias depois ele conseguiu arrancar. Parecia dizer que aquilo atrapalhava seu business, que parecer faminto, pobre e abandonado era fundamental para o negócio.

E o Barão prosperava. Já que eu não conseguia mudar seus hábitos, fizemos um acordo tácito: eu não me metia nos seus truques estratégicos, ele ficava sem coleira e, se passava por ele na pousada na hora dos aperitivos, fazia que nem o conhecia. Ele, por sua vez, voltava pra casa na maior gratidão e me enchia de carinho, feliz de ser tão compreendido.

De certa maneira, essa seria uma boa mistura de amor e liberdade. Não privar alguém que você ama de alguma coisa que ele gosta muito, em nome de um sentimento de posse. Ser feliz de ver o outro feliz.

Barão viveu com a gente sua vida inteira, junto com os outros cães e gatos da casa, todos resgatados. De sua aparente timidez inicial, ele se tornou uma espécie de mentor mais velho e respeitado por todos. Foi um dos cachorros mais adoráveis que tive e só parou seu rentável negócio quando engordou e já não convencia mais ninguém.

Adeus, Tango

Recentemente, Tango, meu querido companheiro, virou estrelinha. Resgatei ele na rua; a mãe e seis filhotes tinham sido abandonados numa esquina e ninguém chegava perto nem para dar água, porque a mãe, uma cadela de porte médio, parecia muito brava. Na verdade, ela estava apenas com muito medo e queria defender os filhotes. Fui chegando devagar e finalmente, quando ela sentiu confiança, Ri e eu conseguimos pegar todos e levar pra casa.

De repente, tínhamos sete cachorros. Eles estavam tão exaustos que dormiram dois dias e duas noites. Era a trégua de finalmente ter um lugar seguro. Amora, nome que demos à mãe, levou um bom tempo para relaxar e se sentir acolhida. Era bem traumatizada e deve ter passado por coisas duras. Aos poucos foi ficando tranquila, até que começou a parecer feliz. Passou a sorrir.

Ficamos com ela, pois é quase impossível arranjar um lar para cachorros adultos. Amora não era aquele protótipo de beleza, mas pra gente ela era tão linda e querida. Adotamos três filhotes e os outros foram doados para amigos.

Tango era o mais estressado de todos, aquele que só conseguia relaxar sentado no meu colo, minha mão tampando seus olhos, como se o mundo não existisse. Foram meses desse cuidado; era como se ele precisasse parar de ver tudo o que tinha vivido. Tinha tremores e levei muito tempo pra conseguir acalmar Tango.

Ele se tornou um lindo cachorro, tranquilo, com expressão

mais aliviada. Virou um bicho contente, mesmo não sendo muito de brincar. Como tanta gente que luta muito pela sobrevivência, Tango era sério e precocemente responsável, sem o lado lúdico. E muito carente. Vivia grudado em mim.

    Teve uma vida linda e extraordinariamente longa. Depois que todos se foram, ele continuou por perto e cada vez mais feliz. Foi uma sobrevida.

    Desde criança, achei que tinha vindo ao mundo pra cuidar dos bichos. Na minha rua, minhas amigas e eu íamos de casa em casa até achar quem pudesse adotar os gatinhos abandonados que a gente sempre descobria em algum lugar. Todos os bichinhos que tive foram resgatados da rua e viveram muito felizes. Pensar nisso me faz muito bem.

    Quem me ensinou esse amor foi minha mãe, que sempre resgatou todos os animais abandonados que encontrava. Tive uma infância linda por isso, sempre rodeada dos meus bichinhos. Cresci com eles e com eles aprendi o cuidado e o amor incondicional.

    Posto sempre nas minhas redes sociais campanhas para adoção de animais abandonados e muita gente manda lindas fotos dos seus pets que foram resgatados. É a nossa corrente do bem.

    Escrevo sobre isso pra lembrar como é importante ensinar as crianças a amarem os animais. E como os animais fazem bem pra vida das crianças e de todos nós. Ninguém no mundo sente solidão quando tem um bichinho por perto.

    E, quando eles viram estrelinhas, partem sabendo que foram amados e a gente fica com o coração sereno de ter conseguido dar uma vida feliz a quem nos trouxe tanto amor.

O furto das vasilhas

Outro dia coloquei uma vasilha de ração e uma de água num canto arborizado de uma praça para os bichos de rua. Havia um acordo tácito entre os moradores de colocar alimento sempre que necessário. Quando voltei para botar mais ração, vi de longe uma senhora bem-vestida descer de um carro, pegar as vasilhas e levar embora. Nem tive tempo de fazer um vídeo ou falar com ela, e lá se foram minhas vasilhas.

Na hora fiquei com raiva porque não dá pra entender uma pessoa, sem a menor necessidade, fazer uma coisa dessas.

Aí fui caminhando e me lembrei de dois tipos de seres humanos: os *takers* e os *givers*, termos em inglês para definir os que tiram e os que vieram para doar.

Os doadores acreditam no fluxo da abundância, querem retribuir a generosidade da vida. Já os tiradores acreditam na escassez, são os que acham que a vida está devendo e só pensam em tirar vantagem.

E aquilo em que a gente acredita vai nos acompanhar e se transformar na nossa realidade.

A visão de cada um vai trazer escassez ou abundância para a sua realidade.

Quem acha que a vida lhe deve e só quer tirar acaba criando um real caminho de escassez.

Enquanto a abundância vai prosperar na vida das pessoas generosas.

Existe gente que coloca orquídeas nas árvores da rua para deleite de quem passa. E gente que arranca essas orquídeas pra levar e deixar morrer em breve em algum vaso.

Numa rua aqui perto, alguém colocou na calçada um banco, pedras com uma pequena fonte, plantas ornamentais e... música!

Ainda não descobri quem fez isso, mas gostaria de passar lá e agradecer. Essa música suave toca o dia inteiro alegrando quem passa e criando um lugar sereno para quem quiser descansar.

Por sorte ninguém levou nada. O som continua lá.

Fiquei pensando na mulher das vasilhas e me perguntei por que ela fez isso. Roubar a vasilha de um animal da rua não faz a menor diferença na vida dela, mas faz muita na dos bichinhos. Só posso entender como o gesto de egoísmo de uma *taker* que acredita na escassez.

Existe um consenso de que ninguém é bom ou ruim, somos todos um pouco de tudo. Só que com o tempo passei a discordar disso. Hoje acredito que pensar assim justifica uma série de ações pequenas e grandes que prejudicam alguém ou muita gente.

Fazer o que é certo e o que é errado é uma escolha deliberada. Uma posição que tomamos na vida diante de nós mesmos. Ainda que ninguém me veja ou saiba que fiz uma ação do mal, eu sei. E isso é suficiente. Isso se chama consciência.

Roubar a vasilha de um bicho de rua não é tão grave quanto matar um morador de rua, mas todas as ações residem no mesmo território. Depende de quanto você avança nele.

Todos os dias vemos no noticiário crimes, muitos deles impunes. Tantas vezes nos perguntamos como alguém chega a extremos de maldade e não sente um terrível arrependimento pelo que fez.

É surpreendente quando não existe remorso e a pessoa justifica seu ato com sua razão. Cria uma lógica interna que só reforça a atitude que tomou.

A desconexão com os outros e com o sofrimento alheio, a absoluta falta de empatia, a frieza e indiferença são características dos que acreditam que a vida está lhes devendo.

A escolha do mal começa nos pequenos gestos, nos pequenos sentimentos, cresce e se alastra. E é com essa escolha que cada um determina não só o seu caráter, mas o seu destino.

A caça

Às vezes nos sentimos exaustos. Tanta coisa nos oprime nestes tempos intensos, nos noticiários estarrecedores, que eu me pergunto: como anda a evolução da nossa espécie?

Uma das coisas que eu não entendo é o prazer da caça, o conceito de matar um animal por diversão.

Por mais que eu tente compreender o ser humano, tem coisas que fogem do meu alcance. Como alguém pode se divertir matando um animal? O ato covarde de atirar de longe, que tipo de diversão é essa?!

Que tipo de gente defende a caça? O que alguém pode querer provar tirando a vida de um bicho lindo e indefeso sem qualquer razão? Como alguém atira num animal tão doce e um alvo tão fácil de acertar?

Homens absolutamente fracos e inferiorizados, que precisam de uma arma de fogo para mostrar virilidade?

Viralizaram nas redes fotos de um grupo de caçadores com espingardas ao lado de duas onças mortas, e de uma família armada posando com crianças e orgulho ao lado de uma girafa morta. Quem são esses criminosos? Um monte de psicopatas?

Alguém me explica isso?!

Fiquei horrorizada. Conversando sobre isso com amigos num almoço, respirei fundo e disse que acredito na lei do Karma. Gente que comete um crime desses vai carregar uma tremenda carga negativa para o resto da existência.

Nem todos esses amigos concordam com as leis do Universo, mas pelo menos todos concordaram que caçar e matar um animal por diversão é um crime hediondo.

Foi aí que alguém se lembrou de Hemingway, que, além de grande escritor, foi um caçador notório.

Na época, a ficha da crueldade e da extinção ainda não tinha caído. A consciência do mundo vem aos poucos, demorada. Despertamos devagar.

Mas comentei que Hemingway não deixava de ser uma prova da ação do Karma, pois ele mesmo acabou dando um tiro na própria cabeça e a tragédia de sua família se prolongou por gerações.

Quem mata um animal e sente prazer nisso gosta que os outros sofram. Existe um tremendo potencial de maldade que faz gente assim não ter a menor empatia. São movidos pelo ódio, sentimento coletivo presente em todas as atrocidades da História.

No Império Romano, cristãos eram jogados aos leões, enquanto a grande massa torcia pelo momento culminante: a agonia de quem estava sendo devorado era a suprema diversão.

Cada época tem seus massacres, e sem evolução sempre haverá essa gentalha cruel, indiferente, sádica diante do sofrimento alheio. O ódio é o grande vírus que atravessa os tempos e está presente em cada espetáculo da morte.

Nas praças públicas se assistiam a enforcamentos, guilhotinas, fogueiras que queimavam mulheres acusadas de serem bruxas. A ignorância gera embrutecimento, brutalidade, violência, guerras.

E caçados seremos todos.

No Natal comemoramos o nascimento de Jesus, que, vítima do ódio, foi crucificado.

Talvez ainda precisemos de mais tempo e de gerações mais evoluídas para compreender e seguir as palavras de Jesus.

Talvez depois de pandemias e cataclismos climáticos finalmente a humanidade possa se transformar. Possa despertar e desabrochar seu incomensurável amor.

Que a consciência coletiva descubra que o amor por todo ser vivo e pela natureza é o patamar mais elevado da categoria humana.

E é a única coisa que pode nos salvar.

Como meditar no dentista

Conheço gente que medita nadando, correndo, transando e de muitas outras maneiras. Até debaixo do chuveiro pode existir um sereno momento de abstração e mente livre.

Sempre achei que era muito fácil meditar no topo de uma montanha no Tibet, num lindo templo no Butão, depois de uma aula de yoga entre amigos, no silêncio absoluto, na natureza, perto de uma linda cachoeira na paz de um fim de semana. Parecia simples, quase inevitável.

Agora o desafio é outro. Quero ver meditar no meio da correria da agenda cheia, no nervosismo do trânsito, na loucura e pressão dos prazos e horários, na fila do banco, no dia de pagar boleto. Quero ver meditar na Nossa Senhora de Copacabana, na avenida Ipiranga, no centro caótico de qualquer cidade. No bombardeio diário de notícias ruins que nos atinge e intoxica. Meditar preocupado, exausto, ansioso, confuso, naqueles momentos em que a gente mal consegue acreditar em alguma coisa.

Em resumo: meditar na dura realidade e não num mundo ideal parece impossível.

No entanto, é exatamente nessas circunstâncias que a meditação se torna absolutamente necessária.

Foi pensando nisso que me propus a uma prova maior: meditar no dentista.

Como qualquer pessoa normal, detesto ir ao dentista, mesmo

que o meu seja um amor de pessoa. Ele é. O problema sou eu.

Sentar naquela cadeira sempre me pareceu uma tortura, mesmo quando vou só pra limpar os dentes. Nem falo daquele barulho arrepiante do motor.

Dentista é aquele cara que te deixa de boca aberta e conversa com você sabendo que você não pode responder.

Não existe sofrimento, existe um cérebro aflito e um monte de feixes nervosos em estado de alerta.

Devo ter algum trauma de infância. O sinal está vermelho e um cara vestido de branco avança na sua direção com um dos seus torturantes aparelhos na mão. O suor percorre a sua espinha dorsal.

Você está imóvel e não pode reagir nem gritar. Tenta disfarçar seu desespero. Não consegue. E essa tensão aliada ao seu terror antevê uma dor que ainda nem existe. E talvez nem vá existir.

Mas não importa. No pavor qualquer sombra vira monstro.

Desta última vez resolvi transmutar e colocar em prática tudo o que sei sobre relaxamento e todas as técnicas de apaziguar a mente e o espírito. Abstrair-me de qualquer medo, de qualquer dor, desconforto, irritação e simplesmente sorrir por dentro.

Separar o corpo da alma, porque ele sofre, mas ela flutua.

Fiz força pra visualizar flor de lótus, escutar melodias celestiais, vozes de anjo, senti cheiro de grama cortada, de chuva, de café no fim de tarde com bolo de cenoura e chocolate. Apelei para minha lista de coisas deliciosas na tentativa de compensar e me distanciar de um momento como aquele.

Precisei de um esforço máximo pra me livrar do martírio.

Não, não cheguei a atingir o nirvana, mas pelo menos me distraí o suficiente, ocupada em lembrar coisas gostosas que me dão prazer.

O que eu posso dizer?

Talvez isso baste para enfrentar alguns momentos que parecem insuportáveis: ter uma lista, uma playlist só sua que funcione como seu mantra particular.

Nas horas difíceis procure coisas simples.

Feche os olhos. Respire. E escolha o seu OM.

Descobrindo Mario Quintana

O leitor de poesia tem que ter poesia dentro de si. Ele entra num plano sutil onde é capaz de escutar o inaudível, se envolver num ritmo emocional, ouvir uma música que aparentemente não existe.

Quem lê poesia sabe disso, mesmo sem saber. Compreende que a música é apenas uma tradução de emoções e sentimentos que usa notas, sons e instrumentos para se comunicar. E cria assim uma das artes mais belas e universais, que ultrapassa fronteiras e pode ser entendida por todos.

A poesia também é assim, mas no plano das coisas não materializadas, no mundo invisível, na vibração da energia, no universo abstrato das sensações e dos sentimentos, das ideias e dos ideais.

Quando comecei a ler poesia ainda não sabia disso. Eu era adolescente e pra mim se descortinava um mundo novo, onde milhares de emoções ainda desconhecidas dançavam no ar na minha frente, sem que eu soubesse o que fazer com aquilo tudo. Era arrebatador. Era como entrar numa sala onde flutuassem imagens 3D em volta de mim, com tamanha força, beleza e significado que eu precisasse entrar devagar, aos poucos, para não me dissolver.

A festa da minha imaginação e fantasia era infinita e eu, deslumbrada com essa explosão de tudo, ia descobrindo as vozes de cada um dos mestres da poesia, que depois me acompanharam a vida toda.

Eu lia e escutava a música que havia atrás de cada verso, o ritmo de cada impulso, o som, o tom, a vibração de cada um.

Um deles foi Mario Quintana, um tesouro descoberto, com tantas variações de humor e amor, com sua música elegante e sutil. Nunca imaginei que um dia seria meu amigo.

Uma vez eu disse a ele que não tinha adjetivos para um poeta tão substantivo. Ele gostou tanto que repetia sempre, simulando um certo orgulho.

A gente ria dessas pequenas coisas que alimentam a poesia. O cotidiano é cheio delas. E ele era o melhor observador de todas. Um espião da vida.

Eu sabia que aquela atitude de tanta simplicidade era uma grande conquista dele ao domar sua imensa complexidade. E assim, como todo poeta, ele fingia ser o que realmente acabou se tornando, a síntese do que é simples e puro. Como neste verso de Carlos Drummond de Andrade: "Manter a inocência depois de tudo tão atrozmente explicado."

Chegar a essa simplicidade requer muito trabalho.

É preciso muito empenho para manter a inocência. Ver o invisível, sentir o sutil pede um esforço danado.

Tantas vezes contei como nos conhecemos na Feira do Livro em Porto Alegre, a amizade que durou a vida toda, nossa troca de cartas e poesias, nosso humor e sarcasmo para olhar certas coisas, nossas infinitas conversas nos cafés e bancos de praça.

Momentos preciosos.

Eu nunca disse a ele que escutei a música atrás de cada poema seu, escutei o bater de asas de cada palavra e acompanhei a altura do voo, com os olhos molhados de emoção.

Acho que ele, na sua imensa sabedoria disfarçada, compreendeu isso antes de mim. Ele sabia.

Mario Quintana sabia tudo e fingia não saber nada, como faria qualquer anjo dissimulado que andasse, com um paletó velho, pelas ruas de Porto Alegre fingindo não ser anjo.

Escritores não morrem, escritores deixam livros

Quando eu era adolescente vivia no meu quarto lendo livros. Minha mente vivenciava cada uma das histórias como se eu estivesse dentro delas e fosse muito íntima de quem as escreveu.

Uma das minhas paixões foi Julio Cortázar, que me fez viajar em seu realismo mágico, com personagens fantásticos que me acompanharam por muito tempo. Ele era um mestre e eu uma menina que pouco sabia dele, mas o imaginava próximo.

Outra paixão foi Jorge Luis Borges, que me fez entrar em reinos profundos com suas questões filosóficas, metafísicas, onde a mitologia e a teosofia se abraçavam entre luz e sombras. Um mundo de labirintos e túneis dentro da minha alma que queria se expandir e derrubar paredes e amarras.

Esses autores maravilhosos eram a minha companhia, meus amigos invisíveis e com eles eu nunca me sentia solitária.

Andavam por aí, em algum lugar do planeta e quem sabe um dia eu poderia encontrar um deles.

Carlos Drummond de Andrade, Gabriel García Márquez, Mario Quintana, Cecília Meireles, Clarice Lispector, Guimarães Rosa, Rubem Fonseca, só para citar alguns. Cada um me parecia um amigo tão necessário. Era como se fossem velhos conhecidos. Eu sabia que estavam em algum lugar por aqui, na nossa América.

Cresci um pouco mais, saí do quarto, publiquei meu primeiro livro de poemas e o destino me levou a lugares emblemáticos onde uma sequência de milagres aconteceu. E, aos poucos, conheci e me aproximei de alguns desses monstros e anjos que cruzaram minha vida.

Um deles, Rubem Fonseca, foi um amigo da vida inteira.

Descobri um mestre e um ser humano único, que se tornou uma das pessoas mais próximas e queridas da minha trajetória.

Rubem foi um dos caras mais interessantes que conheci. Grande humanista, com uma visão abrangente da modernidade e do Zeitgeist. Escreveu sobre violência com um imenso sentimento de compaixão. Rubem foi um mentor com quem sempre troquei e aprendi muito. Seus livros me influenciaram, me deram asas, com seus personagens fortes, intensos e surpreendentes. Seu estilo duro, afiado, econômico e sua literatura da mais alta qualidade fizeram dele um autor conhecido no mundo inteiro.

Dediquei a ele meu romance *Filmes proibidos* (ele me encomendou esse livro) e lembro quando Rubem, o Ri e eu nos encontramos em Paris para ler meu manuscrito e comemorar o livro que ia sair.

Como atriz fiz alguns de seus personagens, na Globo e na HBO. Lembro quando ele vinha me visitar nos bastidores da filmagem e como a gente se divertia com bobagens.

Muitas vezes saímos para caminhar na orla do Leblon, onde ele morava. Íamos olhando para as janelas dos apartamentos e imaginando a vida das pessoas e suas histórias. Fazíamos esse exercício de imaginar o personagem de cada um que passava por nós pelas calçadas. E a coisa foi se desenvolvendo, cada vez mais elaborada e fascinante.

Agora ele se foi e nossos momentos ficaram impressos dentro de mim pra sempre. Onde quer que ele esteja, mando minha gratidão. Obrigada por tudo, Rubem querido. Perder um amigo dói demais.

Mas escritores não morrem, escritores deixam livros.

Uma voz tamanha

Agora é o silêncio. Porque depois de a voz dela se espalhar no ar, depois de o mundo cantar junto, depois de fazer a vida ficar melhor e tão mais bonita, depois de você, Gal, só o silêncio.

Um silêncio imenso e profundo, onde todas as vozes e murmúrios se calaram. O burburinho das pessoas ficou em outro plano, desaparecendo ao fundo da cena, sumindo dentro de uma súbita neblina que cobriu tudo.

De repente o show parou. O palco ficou vazio. No centro, no foco de luz, sua ausência.

Aos poucos sua voz será multiplicada e por todos os lados, como jorros de luz, vamos escutar esse som que vem dos anjos, de algum lugar que é puro deslumbramento.

Os planos da minha memória se sobrepõem. Recebi a notícia ao embarcar em um voo e agora, do meio das nuvens, revejo fragmentos de uma história. Gal Costa se foi e com ela se vai uma era.

Um tempo que tive a sorte de vivenciar, um sonho do qual fiz parte, uma emoção sem fim.

Começa na minha adolescência, descobrindo maravilhada um mundo que falava de paz, amor e liberdade. Uma explosão de ideias e talentos, expressões, roupas, atitudes, liberdade, sexo e música, muita música.

Meu nome é Gal, cantava aquela voz de cristal. Havia um clima selvagem nas dunas da Gal, cabelos soltos, roupas leves, corpos flutuantes e um verão que parecia nunca ter fim.

A gente cantava nas ruas e mesmo sem dinheiro pra ir ao show sentia a vibração desse novo momento em que Gal surgia já icônica.

Esse foi o mundo que me encantou e me deu um norte, um rumo, um pertencimento. Estávamos todos na mesma frequência, caminhando na direção do Sol, sem lenço e sem documento, sem querer repetir os erros de uma sociedade que não nos traduzia.

A vida era jovem e tinha uma proposta. Tinha uma filosofia. Uma mudança de valores, a perspectiva da grande transformação.

Era o Brasil anos 1970 em plena ditadura, censura e repressão. A Arte era uma forma de resistência, a manifestação de um infinito talento que criou a esperança de um mundo possível.

Sobrevivemos de paixão, tesão e alegria.

Nem todos sobreviveram, mas essa é outra história.

Agora aqui, no meio das nuvens, penso em alguns amigos e sei como tudo isso foi me mostrando o caminho. O astral feliz dessa gente linda deu significado às coisas e foi parte da matéria-prima que me faz ser o que sou.

Eu era a menina que queria abraçar toda a extensão do planeta e a Gal explodia sensual na trilha sonora.

O mundo discutia a Revolução Sexual, o Poder do Feminismo, do Movimento Black Power, a Contracultura e tantas outras questões fundamentais para a construção de uma nova sociedade.

A poesia concreta nas esquinas de Sampa, o Xingu e suas terras demarcadas graças aos irmãos Villas-Bôas, os intelectuais brilhavam, o mundo buscava cultura, inteligência, beleza. Gente é pra brilhar e não pra morrer de fome.

O Ri e eu, apaixonados, íamos a todos os shows, Doces Bárbaros, Caetano, Gil, Bethânia, Gal, Chico, Milton Nascimento, Rita

Lee, Djavan, Ney, Cazuza, Marina. Nessa altura já éramos todos amigos, frequentávamos as casas uns dos outros, bares, conversas, risadas. Tudo perigoso, tudo divino maravilhoso.

Gal, amiga querida, você é para sempre.

Basta uma só mulher para fazer um país mais feliz

Assim como toda criança nasce feliz, dentro de todo adolescente que se preze tem que haver uma boa dose de rebeldia. Que vai desde "o mundo não me compreende..." até "quero mudar tudo porque não concordo com nada!". A proposta nessa época da vida é sempre grandiosa, tem a audácia dos que sonham.

Todo jovem saudável tem uma natureza inconformista, sente que não pertence, acha tudo um absurdo. Quer ir contra o status quo, não quer repetir os erros das gerações anteriores.

Ele veio para mudar todas essas convenções idiotas que não o traduzem. O que fazer e por onde começar?

E como diz a canção, se os nossos ídolos ainda são os mesmos, vamos também, sem perceber, acabar sendo como os nossos pais?

Se a gente pensar bem, a cada nova geração a coisa muda aos poucos. As ideias se ampliam, uma semente desse entusiasmo fica e nos tornamos agentes de alguma transformação.

Até que de repente, numa dessas, vem Rita Lee e transforma tudo em maravilha.

A nossa Santa Protetora de todas as ovelhas negras das famílias já chegou propagando rebeldia. Mostrando aos mais comportados que era possível ter liberdade, humor e fantasia. Desfraldando convenções com a magia do lúdico. Com Rita é possível criar uma realidade, inventar uma persona e o resultado é a alegria geral da nação.

A Rainha do Rock da Beleza, a Feiticeira, abriu a caixa mágica da criatividade e foi nos mostrando a sabedoria de todas as coisas. A mulher que um dia resolveu mudar e fazer tudo o que queria fazer. E fez. E fez muito mais por todos nós do que seria possível sonhar. Com ela o sonho nunca acabou. O sonho foi se reinventando e seguiu mutante, transformando e abrindo todas as portas da sua belíssima alma.

Tive a alegria de compartilhar momentos próximos com a Rita. Teve muita troca, conversa e risada. Tínhamos em comum um instinto de desobediência, uma certa indignação e uma vontade de abraçar o mundo.

Conversei com ela algumas vezes e numa dessas gravamos meu programa *Gente de Expressão*. Uma conversa de intimidade, sem máscaras, uma entrega feliz. Uma vez disseram numa matéria que nós falamos sobre o prazer da mulher, ela na música e eu na poesia, de uma forma inovadora. A gente simplesmente botou nossa verdade pra fora com vontade de dizer pro mundo: chega de repressão!

Em outro grande momento tive a delícia de estar com ela no palco, carregando a netinha dela no meu colo.

Um desses presentes da vida, ela e eu cantando juntas que "toda mulher quer ser feliz".

Rita nos deixou e o nosso desejo continua. Todas queremos ser felizes. E podemos nos ajudar umas às outras, assim como a Rita nos ajudou a todas.

Ela cantou sentimentos de todas nós, explodiu a paixão e nos libertou de papéis opressores.

A coragem de Rita deixou um lastro por várias gerações e um rastro luminoso que a gente segue pra não se perder mais no caminho.

Ela teve uma linda e duradoura história de amor e nos fez amar mais e melhor.

Basta uma só mulher pra fazer um país mais feliz.

Acabou nosso Carnaval...

Por curiosidade fui pesquisar a origem do Carnaval. A primeira imagem que me veio à cabeça foram as festas romanas, rituais religiosos e bacanais em homenagem a Baco ou Dioniso, deus do vinho.

As cerimônias eram seguidas por uma grande comemoração popular pelas ruas que, com o tempo, começaram a causar desordens e escândalos que iam da extrema vulgaridade até conspirações e crimes políticos.

Segundo o historiador romano Tito Lívio, as Bacanais, como eram chamadas essas festividades, foram proibidas pelo Senado quase duzentos anos antes de Cristo. Mesmo assim sobreviveram.

Uma das curiosidades é que no início os rituais eram secretos e frequentados apenas por mulheres. Isso mesmo, só mulheres.

Com o passar do tempo foram admitidos homens.

Grandes quadros em museus famosos mostram as Bacantes em surreais orgias. E, quando as festas se tornaram públicas, as mulheres corriam seminuas pelas ruas, numa atitude selvagem, entoando os gritos de Evoi!, o tradicional Evoé.

Na Grécia, as Bacantes endoidecidas eram chamadas de Mênades, que significa Furiosas.

É claro que essa visão de mulheres selvagens passou para a história com um forte preconceito, e seu caráter mitológico deu origem às mais diversas versões, frutos do temor de tamanha liberdade.

Tanto a História quanto a mitologia e o teatro, na peça de Eurípides, levantam o tema do frenesi extático presente em muitos rituais, inclusive religiosos. O êxtase é uma espécie de transcendência, um auge do prazer, tanto na sexualidade como na devoção.

O medo que os homens sentiam dessas mulheres poderosas possivelmente distorceu lendas como as Amazonas ou os mitos de bruxas e lobas. E tantas mulheres acabaram sendo dizimadas através da História.

Nas perseguições do período das trevas da Idade Média, elas eram queimadas vivas numa fogueira em praça pública para servir de entretenimento e exemplo. Foi quando o Carnaval passou a ser visto como uma celebração diabólica de rituais pagãos, com a permissividade de se atirar aos ímpetos da carne e ao contínuo uso de álcool, herança de Baco ou Dioniso e da Antiguidade.

Com a ascensão do cristianismo, as festas pagãs ganharam novos significados. Assim, o Carnaval, do latim *carnis levale*, significa "abstenção da carne", em referência ao jejum. E paradoxalmente é o período em que a entrega aos prazeres sexuais da carne é liberada.

Com a Quaresma, vem o tempo de penitência para expurgar todos esses terríveis pecados.

O Carnaval traduz um desejo de extravasar; é uma rebeldia, uma maneira de fugir da realidade, de trocar os papéis sociais, de inverter a ordem estabelecida.

É uma forma de esquecimento momentâneo, uma espécie de alívio coletivo, a perda da individualidade cotidiana, do fardo da rotina e do trabalho.

E é também a manifestação da sátira política e a ridicularização das autoridades e dos governantes com sua pressão sobre o povo.

O conceito do Carnaval era criar o caos e virar o mundo de

cabeça pra baixo. Haveria até um rei postiço que comandaria a massa, na mais absoluta subversão.

Por uns dias temos o direito de realizar todas as nossas fantasias, mesmo que depois venha o castigo.

Para alguns é no Carnaval que o sonho se concretiza. E no restante do ano se vive de esperança.

As Erínias

Vocês sentem que o mundo anda num momento bem tenso e nervoso? Assim como o planeta esquentou, o sistema reativo das pessoas elevou sua potência de tal maneira que até mesmo para falar de paz e amor as pessoas brigam. Falam de solidariedade, mas num tom de ameaça e ressentimento. Falam de Jesus e de ódio na mesma frase e com a mesma ênfase.

Tudo ficou extremado. Todos parecem à beira da explosão.

A inacreditável falta de noção e bom senso vem aliada a uma tremenda prepotência. E, se algum bom senso ainda existe, ele se esconde por medo do senso comum.

Vivemos um tempo de incitação à cultura do ódio. E essa raiva se desdobra em ondas, em reverberações de um forte coro que somos obrigados a escutar neste mundo de excesso de barulho.

Todos nós guardamos doses de revolta, indignação e potencial para algum tipo de rancor ou frustração. Cada um, por diferentes razões e enfrentando situações diversas, sabe o que sente.

Na mitologia grega, as Erínias eram as divindades que castigavam os mortais por seus delitos. Na mitologia romana eram chamadas de Fúrias. Eram sempre representadas como mulheres pavorosas, de aspecto terrível, com olhos de sangue e cabelos emaranhados de serpentes, com gigantescas asas de morcego, chicote e fogo nas mãos.

Eram elas que perseguiam sem trégua e castigavam eternamente crimes de toda natureza, numa inesgotável sede de vingança. Representam as forças brutas e primitivas da humanidade.

As Erínias viviam nas profundezas do Tártaro, o mundo inferior e mais terrível de Hades. O mundo dos mortos, o tal inferno para onde eram mandados os pecadores. Elas puniam e torturavam os aprisionados, condenados a passar assim o resto da eternidade.

Elas eram tão poderosas em sua trajetória exponencial do mal que todos temiam simplesmente pronunciar seu nome. Ninguém evocava essas entidades vingativas e marginais, rejeitadas pelos deuses, com medo de atrair sua cólera.

A História nos provou que todo tipo de ódio atrai mais ódio e conduz a grandes tragédias e calamidades. Toda vingança gera novos revides e só perpetua o seu rastro de sangue. Existem vinganças entre famílias que atravessam gerações.

Na guerra, mesmo o vencedor sai perdendo um incontável número de vidas. Na filosofia da *vendetta*, do olho por olho, acabaremos todos cegos.

Quando incitamos o ódio e a vingança estamos evocando as Erínias e atraindo tragédias inexoráveis.

Não existe real satisfação em conseguir se vingar e essa pseudoilusão de vitória vai mostrar imediatamente graves resultados. O ódio se alimenta de destruição e a destruição cria uma cadeia infinita das dores do mundo.

Disseminar compaixão e empatia, mudar nossos valores e valorizar a felicidade individual e coletiva é o grande antídoto para tantos males.

Resistir ao ódio, não ceder à raiva e à vingança são grandes atos de coragem. São formas de enfrentar, de neutralizar e vencer as Fúrias. Impedir que as Erínias alastrem o mal dentro de nós, minando nossa saúde e espalhando terror e miséria no mundo.

Que os mitos nos ajudem a evocar o amor, tão raro e necessário neste momento.

A deusa da discórdia

Na mitologia grega, Éris é conhecida como a deusa da discórdia: tudo o que toca ou de que participa inevitavelmente gera antagonismo, confronto, disputa, ódio, violência e destruição. Sua simples presença vai sempre prejudicar alguém. Suas palavras trazem brigas, desavenças, discussões. Seu poder vem da desgraça e seu destino é espalhar desarmonia pelo mundo.

E ela não se sente culpada, não assume seus estragos, não tem a menor empatia por suas vítimas, jamais se desculpa ou se sensibiliza. Éris jamais pede perdão. Apenas lança seu pomo da discórdia e observa a cólera que causou.

A lenda mais famosa conta como ela provocou a guerra de Troia.

Não sendo convidada para o casamento de Peleu e Tétis (quem quer chamar a discórdia para sua festa?), Éris, indignada, resolve dar as caras, independentemente da rejeição.

Ela vai mais para se vingar, pois a vingança é um dos maiores prazeres dessa deusa competitiva. Com uma raiva danada das mulheres, oferece a Hera, Atena e Afrodite, deusas que detestava, uma maçã de ouro.

"Essa maçã é um presente para a mais bela", lança já sabendo da polêmica que causaria.

Zeus, todo-poderoso, pede então a Príamo, rei de Troia, que intervenha na competição. O rei, por sua vez, designa seu filho Páris para resolver a questão e fazer a tal escolha.

As deusas se alvoroçam, vaidosas como todas as deusas, e cada uma, para ser a escolhida, promete um presente a Páris.

Hera, chegada a uma intriga, oferece a ele o poder político e a astúcia de ser o mais forte.

Atena, figura guerreira e dona de vários atributos, lhe promete estratégia e habilidade nas batalhas, e a possibilidade de ser o mais sábio.

Finalmente Afrodite, dona de beleza inigualável, oferece a Páris a mais bela de todas as mulheres do mundo, Helena.

Atraído pela ideia de possuir Helena, Páris escolhe Afrodite para receber a maçã, o que a torna oficialmente a deusa mais bela, despertando (para a delícia de Éris) a ira de Hera e Atena.

O truque da nossa deusa da discórdia era o fato de Helena ser casada com o rei Menelau de Esparta. Lembrando aqui que o exército espartano era de arrasar qualquer um.

Páris então rapta Helena e dá início à famosa guerra de Troia, em que o príncipe destrói sua própria cidade.

Tudo isso decorrência do poder maligno da Mãe dos Males, a deusa da discórdia, que cada vez que aparece torna tudo pior.

Essa energia ruim continua se alastrando em volta de nós, se espalhando pelo mundo, assumindo vários disfarces e provocando nefastos eventos.

Preste atenção: se você detectar alguma pessoa com as características de Éris, afaste-se imediatamente.

Detecte gente que se alimenta da maldade, que prejudica os outros, estimula a violência e não tem empatia por ninguém. Gente que não se arrepende, não sente remorso, gente falsa que mente descaradamente, gente que seca plantas, que quer que todos se danem.

Gente que traz a égide de Éris, o Mal, e a capacidade de acabar com a sua vida.

Quando encontrar uma pessoa assim, fuja. Preste atenção antes que seja tarde demais.

A origem do mal

A filosofia, a dramaturgia e a literatura sempre se perguntaram de onde vem o mal. Como começa, se infiltra e se insinua no coração de uma pessoa, de uma família, sociedade ou país? Por que existe e consegue corromper? De onde vem seu poder?

Por que Lúcifer, o anjo mais poderoso, um dia se transformou no demônio?

Toda criança quer saber por que o mal existe. Crescemos, nos tornamos adultos, amadurecemos e continuamos nos perguntando a mesma coisa: por que o mal existe?

Em quase todas as parábolas da Antiguidade, a batalha do Bem contra o Mal cria mitos, santos e heróis. É a base de todas as religiões e de todas as histórias. Mesmo assim, continuamos crianças perplexas diante do mistério. Estarrecidas diante do horror, mesmo quando o acúmulo das notícias torna o horror uma rotina.

Talvez a principal chave para compreender tamanha distorção seja o conceito do livre-arbítrio, um paradoxo dentro de cada ser humano.

O livre-arbítrio, considerado um presente de Deus, nos coloca diante de um dilema: o Destino e a Escolha. Tudo já está escrito ou nós podemos mudar?

Cada passo que damos nos apresenta uma encruzilhada e exige uma escolha, uma decisão. Sentimos responsabilidade, medo de errar. Em cada acontecimento existe uma cilada e todos sabemos que viver é muito perigoso.

Todos nós, sem exceção, temos a liberdade para escolher entre o bem e o mal em cada ação que fazemos. O poder de decidir entre certo e errado é nosso, o que nos torna responsáveis pelo que escolhemos. E o mal tem seus disfarces e suas seduções. Há os que resistem e há os que se deixam seduzir.

Talvez por isso muitos tenham tanto medo da liberdade, da livre escolha, da responsabilidade de ser o agente provocador do seu destino. Se tudo fosse apenas parte do plano de Deus, sem a nossa colaboração, seria mais fácil. A responsabilidade seria dele, do Criador. Obedecemos a um poder maior, nosso destino já está escrito e nos tornamos vítimas do que nos acontece.

Mas nosso destino, mesmo tendo o acaso, a casualidade como parte dos acontecimentos, não é determinado apenas por uma força além do nosso controle. Mesmo sem controlar as circunstâncias em que nascemos e muitas outras ao longo da nossa vida, temos a liberdade de escolher como respondemos a essas circunstâncias.

O anjo Lúcifer, por exemplo, que era o mais brilhante, fez sua escolha. Seja Lúcifer, Belial, Moloch, Satanás, Valak, Belzebu ou Leviatã, nas mitologias, religiões e histórias, o mal toma muitas formas, tem inúmeros nomes e existe desde o princípio dos tempos. Assírios, sumérios, caldeus, babilônios, acádios e tantos outros povos da Antiguidade na região mesopotâmica eram politeístas e em suas crenças os demônios foram anjos da virtude. Anjos caídos porque sucumbiram à própria arrogância, soberba e se deixaram corromper.

As religiões, desde o zoroastrismo, o islamismo, o judaísmo, o budismo, o hinduísmo ao cristianismo, revelam sua interpretação dos seres do mal. Eles representariam o suprassumo de todos os pecados e têm infinitos representantes na atualidade.

Impedem que o paraíso seja aqui e agora, numa humanidade que traz em si a marca do pecado.

A gente aprende a diferenciar o bem do mal desde criança. Essa divisão dual pode parecer simplista demais. Seres humanos são mais complexos do que isso. Pessoas têm suas contradições, ninguém é só uma coisa ou outra, temos nuances, buscas, inquietações e razões, tentativas de conciliar o bem divino com o mal de uma sociedade doente e distorcida. Se todos nascemos bons, como escreveu Rousseau, e à medida que lidamos com o mundo criamos dores e ressentimentos que nos transformam, a origem do mal está dentro de nós.

Se reagimos ao que nos fere e machuca distorcendo nossos valores, acabamos nos tornando o que não somos. A cada dilema, cada conflito que aparecer seremos tomados pelo nosso pior, nosso ser inferior.

Conhecemos todos os sentimentos. Trazemos dentro de nós barbárie e civilização, ignorância e humanização. Se o bem é inato, é também um processo evolutivo. E, se carregamos o bem e o mal, qual deles alimentamos?

Quem sabe para onde caminha a humanidade e quantos anjos ainda cairão?

Torre de Babel

O mito bíblico da Torre de Babel, o portão de Deus, representa a extrema ganância dos homens que, num excesso de soberba, no orgulho de sua potência, queriam construir uma torre tão alta que alcançasse o céu. A Etemenanki, como se presume que fosse chamada, é feita do desejo absoluto de poder. As lideranças em delírio, tomadas pela megalomania, queriam alcançar o domínio, chegar ao topo do mundo, no desafio desmedido de se tornarem deuses.

E Deus, para castigar essa ambição desregrada, criou muitas visões de mundo e linguagens diferentes e as espalhou entre todos os homens.

E assim começa o desentendimento, a total confusão. É o início da desordem que vai gerar a divisão entre as tribos. O resultado é a fragmentação de tudo o que se queria construir. A Torre de Babel instaura o tumulto, o caos e a discórdia.

Babilônia, um dos maiores impérios do mundo antigo, um poderoso centro comercial e cultural, com enorme influência e prestígio, é destruída. A capital de um império transforma seu exuberante território num deserto abandonado.

As lendas falam de ódio, crueldade, degradação, brutalidade e corrupção por exacerbado materialismo. A natureza sofre impactos ambientais, mudanças climáticas extremas e desastres assustadores.

Não parecem nossos tempos atuais?

O que nos ensinam esses mitos e histórias? Para que servem essas parábolas que interpretam o moto-perpétuo do comportamento humano? Estaremos novamente caminhando para uma destruição gradativa, sem que o homem aprenda?

Tenho pensado muito no Bem e no Mal. Não há respostas prontas e dói demais acompanhar as notícias. Ver os crimes que são cometidos e continuarão impunes. A ignorância e a barbárie destroem porque é mais fácil destruir do que construir.

É terrível ver a divisão entre pessoas, o confronto, a polarização. Ver o fosso, o abismo que aumenta a cada dia entre gente que poderia se entender.

Ver a distorção brutal de valores, a ponto de afirmarem que Jesus defende o contrário do que pregou: a compaixão, o amor ao próximo, ao dar a outra face.

Ver a luta permanente entre a humanidade e a desumanização, entre a beleza e a monstruosidade, entre o conhecimento e a estupidez, essa parece ser a nossa sina.

Ainda existe um barulho atordoante de vozes e gritos de gente que briga, que não se escuta e nem se compreende. O caos continua.

Hoje o perigo vai além da guerra. Se continuarmos assim caminharemos para a explosão final.

Mesmo estarrecida diante do terror, mesmo num mundo onde os arrogantes e prepotentes querem o embate do desentendimento, sou uma eterna otimista.

Mesmo que as Torres de Babel do poder se renovem, existe o lento despertar de uma consciência que começa individual e se espalha ao coletivo. Voltamos na espiral do tempo aos mesmos pontos, porém já não são iguais. Evoluímos, mesmo que a transformação ao redor pareça pequena.

Em muitos lugares existe muita gente com a mesma esperança.

Existem tantos heróis anônimos que não são notícia, voluntários que arriscam a vida para salvar um grupo, uma pessoa, um bicho. Fazem meu coração bater feliz e comovido.

São esses os que admiro e que me dão a certeza de que a grande e silenciosa maioria da humanidade quer o bem.

Todos os ódios são o mesmo ódio

"Não ser feliz explica tudo."

Essa frase perfeita de Carlos Drummond é um dos mais precisos conceitos para entender seres humanos.

Uma pessoa feliz não quer guerra. Não quer armas, não quer violência, não sente ódio pelo outro. Não é misógina, racista, homofóbica, xenófoba. Não deseja o mal do próximo.

Não precisa dominar para se sentir melhor, nem precisa competir. Uma pessoa feliz quer colaborar, quer união, companheirismo.

Uma pessoa feliz quer mudar o mundo pra melhor e entende que a verdadeira mudança começa nas pessoas.

Na História todas as revoluções sociais que vieram acompanhadas de mudanças de valores foram transformadoras. Mas, quando não existe uma nova proposta de repensar o comportamento humano, o defensor dos oprimidos conquista o poder e se transforma no novo opressor.

Existe gente que prega o ódio. É capaz de falar de Deus, de Jesus, que ensinou compaixão e humanidade, e usar seu nome para instigar violência.

A instauração do terror faz parte da História. Ainda assim, olhamos o passado com espanto e repetimos seus passos. Já vimos através dos tempos o que acontece quando o ódio domina. O medo busca líderes ditadores, totalitários, facínoras. Vimos o terror, a miséria e a carnificina. A desumanização. E isso continua.

Estamos vendo diariamente imagens do horror e elas mostram do que o ódio é capaz. É para esse caminho que o ódio nos leva. Cada vez que se prega o ódio, que se estimula o ódio, que se ensina o ódio, é para esse terror que estamos indo. Para um lugar sem volta.

O ódio é uma fortíssima correnteza e suas águas violentas destroem tudo o que alcançam.

O ódio destrói quem o sente. É como um veneno que se joga na água que se bebe. O ódio se alastra e envenena, contamina grupos imensos, multidões.

E vai atingindo seus alvos. Ódio aos negros, aos judeus, aos homoafetivos, às mulheres, a toda e qualquer diversidade, seja sexual, religiosa, racial, política.

Todos os ódios são o mesmo ódio. Até os que parecem menores, ódio contra um parente, um vizinho, um funcionário, um desconhecido. Todos os ódios derivam do mesmo lugar. Do mesmo veneno, do mesmo perigo.

Todos geram abuso, violência, morte.

Não existe saída. A força destruidora do ódio, uma vez deflagrada, se multiplica de maneira assustadora.

Nenhum ódio é reparador. Nenhum ódio é justo.

Por onde passa deixa toda terra devastada, todo sentimento corrompido, toda esperança arruinada.

O ódio começou nos primórdios do mundo. Caim matou Abel. As sete tribos se espalharam e com o tempo se digladiaram.

Todo ódio é fruto da infelicidade.

Combater o ódio é mudar radicalmente o olhar, a perspectiva, os valores.

Desarmar o nosso coração. Aprender a olhar o mundo com a sensação irrefreável de que tudo pode ser bom e belo.

Compreender a diversidade, a estranha irmandade que existe entre todos nós.

Buscar a paz de espírito e espalhar um sentimento sereno, um elo amoroso com a vida.

Sentir o prazer e se deixar guiar pela luz do amor.

Essa é a mudança.

Ser feliz explica tudo isso.

As mães da guerra

Depois de tudo o que aprendemos na história da humanidade, das guerras que destruíram e devastaram países inteiros e mataram milhões de pessoas no mundo, gerações inteiras de jovens mortos inútil e injustamente, o terror continua.

Imagine nosso país sob violentos ataques aéreos. Imagine que os fogos de artifício de qualquer comemoração, festa ou futebol, fossem bombas caindo e destruindo tudo! Não teríamos como nos proteger, nem para onde correr. Ninguém poderia socorrer ninguém; escolas, hospitais, edifícios bombardeados.

E hoje, com o arsenal nuclear, não sobraria ninguém para contar essa história.

Em nome do quê?

Como pode alguém ser conivente com a guerra?

Quando o absurdo se torna real, quando o que chamamos de realidade é o inferno criado pela ganância de poder do homem, pela distorção de todos os valores, pela aceitação da barbárie, temos que nos unir e encontrar uma saída.

Dizem que na guerra jovens que não se odeiam se matam por ordens de velhos que se odeiam, mas não se matam. Se governantes e militares que ocupam altos cargos tivessem que ir eles mesmos para a linha de frente de ataque, nas trincheiras, o mundo viveria na paz.

É muito fácil para esses líderes dementes e insanos, que

desejam implantar regimes totalitários absolutistas, distribuir armas e comandar. Para eles, se milhões de jovens levados por idealismo, amor à pátria ou imposição morrerem como formigas esmagadas, assassinados covardemente em emboscadas, nada disso tem importância. Tudo vira estatística. Deixam de ser os filhos de suas mães, deixam de ser o amor de alguém, de ser esperança de futuro, para se tornarem apenas números, baixas de uma guerra qualquer, de um governo para quem eles nada significam.

Eu não queria falar de guerra, queria falar de paz. Não queria falar de mortos, queria falar de suas mães, suas irmãs, suas mulheres.

Na verdade, meu desejo era escrever sobre as mulheres, as mães-coragem do mundo.

Porque, se pudéssemos ver a guerra da perspectiva delas, a guerra não existiria.

Se dependesse delas, seus filhos, seus irmãos, seus homens não seriam jamais brutalmente assassinados. O instinto de proteção falaria mais alto.

Quero falar das mulheres, das vozes que ninguém escuta. Da dor e do desespero de vivenciar o que não podem mudar e ainda assim lutar para sobreviver.

Enquanto esses homens agem como meninos delinquentes trazendo violência para o mundo, as mulheres tentam remediar as consequências, alimentar e cuidar de crianças, idosos e feridos.

O senso pragmático das mulheres vem de resolver problemas que não criaram, superar abusos e dificuldades que lhes foram impostos e sempre encontrar soluções para salvar sua cria.

Em tempo de guerra, mulheres lutam pela paz. São guerreiras da paz. Guerreiras da vida.

Querem seus filhos de volta vivos, querem homens tranquilos, querem viver com dignidade.

Os líderes da guerra e do ódio são homens infantiloides que competem por ego, por estupidez, psicopatas que podem apertar um botão e destruir o planeta.

São os homens que não escutam as mulheres.

Era das trevas, era da luz

Desde os tempos ancestrais, nas Escrituras Sagradas, a maioria dos escritos dos mestres cita uma passagem que parece retratar o momento que vivemos hoje. Todos falam de um terrível período de confrontos, caos e pragas que inevitavelmente o mundo iria atravessar.

Segundo os Vedas, por exemplo, estamos na última das quatro etapas da Idade das Trevas, a fase final de uma era dominada por Kali Yuga, um demônio mítico. Ele semeia ódio, discórdia, vingança, epidemias e cataclismos.

Os Puranas, antigos textos hindus, que narram a história do mundo desde a Criação, trazem uma boa notícia: vamos chegar a uma trégua. Em vez do fim do mundo, virá o advento de Kalki e uma grande transformação. Kalki é o décimo e último avatar de Vishnu, deus do hinduísmo, protetor do Universo. Ele é descrito como aquele que recupera a existência, encerrando um período escuro e destrutivo da humanidade para iniciar a Era de Ouro, a era da justiça entre os homens.

Essa mesma previsão se encontra em quase todas as religiões com a ideia de um Salvador, uma força indestrutível que virá acabar com todo o mal e trazer paz para o mundo. Essa esperança é uma luz que aponta uma direção, quando todos parecem perdidos.

Mas o que seria essa grande transformação hoje?

A história é cíclica e se repete. Estamos todos enfrentando uma sucessão de desastres de proporções incalculáveis.

A Terra, mais uma vez, passa por uma etapa de degradação humana, um período apocalíptico.

Como indivíduos, estamos fazendo o possível para ver as coisas numa dimensão maior que possa nos trazer novos valores. Repensar como estamos vivendo, rever hábitos e ideias e buscar, dentro do caos, uma possível serenidade.

Trocamos o bom senso por convicções extremas, que nos colocam uns contra os outros. Defender o que acreditamos é importante, mas não pode nos separar criando muralhas. Atravessar crises mundiais, pandemias e a disrupção da economia e suas consequências é alarmante, mas pode nos ajudar a pensar.

É um momento de compreender que o nosso tempo é sagrado, que a nossa passagem por este lindo planeta precisa de um propósito e a cada dia temos uma chance de melhorar.

Uma das grandes forças do espírito é alinhar o que pensamos com o que dizemos, sentimos, fazemos e somos. E assim criar um fluxo coerente que nos conecte com as pessoas e com um poder maior, nossa fé, nosso Deus.

Sairemos das Trevas, como está previsto nos Vedas, para chegar à Era da Luz?

Você acredita na paz?

Já existiram muitas formas de dinheiro através dos tempos. O comércio iniciou com trocas de bens, serviços e mercadorias. Cacau, chocolate, tabaco e até sal, que deu origem à palavra salário, foram algumas das coisas usadas como dinheiro, até que foi descoberto o metal e surgiram as moedas.

O papel só apareceu na Idade Média, como recibo dos metais penhorados, e assim as cédulas valiam dinheiro. Aí está a origem do nosso sistema financeiro. Hoje somos regidos por números digitais armazenados em nuvens.

O sistema econômico mundial foi inventado por um pequeno grupo, que se sucede no comando do mundo.

Riquezas incomensuráveis são controladas por poucos. A manutenção desse sistema exige a criação constante de novos produtos de valor: papéis de crédito, debêntures, títulos, LCI, LCA, RDB, ações, letras, certificados, fundos, uma parafernália de coisas que sobem e descem numa montanha-russa acelerada e perigosa, capaz de arrebentar o coração dos jogadores da bolsa e produzir crises e pânico coletivo.

Essa macroeconomia se reflete nos nossos microcosmos.

Somos vítimas de dívidas, salários, boletos, aflições, preocupações, desespero. Dizem que dinheiro não traz felicidade, mas a falta dele também não ajuda ninguém. E a gente precisa aprender a gerenciar dinheiro.

Participei de uma palestra com grandes investidores mundiais e ouvi um deles dizer que a dívida dos gigantes está paga, e que agora finalmente o mundo caminha para um período de paz. A cúpula agora quer paz. Mudou o foco. A luta agora é contra o grande abismo das desigualdades.

Se a proposta for conquistar a paz, superar guerras e violência, veremos surgir um novo pensamento, uma nova consciência.

Vai demorar, mas a longo prazo é a única opção, ou não sobreviveremos. Não é o sistema que está em jogo, é a vida no planeta.

O acúmulo de lixo indestrutível formando gigantes ilhas de plástico nos oceanos. A camada de ozônio, o degelo, as drásticas temperaturas da mudança climática, o aumento do nível das águas dos mares e ao mesmo tempo a seca, a aridez e a escassez de água. Essa é a tragédia anunciada.

A extrema ganância, o desmatamento e a distorção do que acreditamos ser riqueza estão trazendo a extinção de incontáveis espécies e colocando nossos biomas em risco exponencial.

Sem mudança teremos inevitáveis desastres ecológicos, cenários dramáticos, cataclismos e muitas outras pandemias.

Parece ficção ver o mundo tão vulnerável com todas essas duras realidades vindo à tona.

Para sobreviver, o sistema econômico precisa de mais igualdade social, de um planeta saudável, sustentável e do despertar de uma conscientização espiritual.

A busca espiritual hoje se tornou necessária e imprescindível.

Há uma junção da espiritualidade e da ciência na busca da cura das pessoas e da paz no planeta.

Cada uma delas, a seu modo, visualiza um mundo melhor e quer descobrir a menor partícula, a mais leve e poderosa: a partícula divina.

Einstein, que uniu as duas ideias, foi um cientista que estudava a espiritualidade, e sua maior meta, como ele disse, era entender a mente de Deus.

Tecnologia espiritual

Faz um bom tempo que estudo a relação entre tecnologia e espiritualidade, duas fortes matérias deste novo milênio, que trazem esperança de renovação numa realidade de tanta distorção e embrutecimento.

As duas atuam no campo invisível, no fluxo da energia que existe em volta de nós e influencia nossa vida.

A tecnologia está em tudo o que utilizamos no nosso cotidiano: plataformas, aplicativos, redes sociais. Essa comunicação hoje nos parece mais concreta do que a ideia de mindfulness e meditação.

Mas o próprio Vale do Silício, onde bate o coração da tecnologia, teve início justamente no movimento de contracultura dos anos 1960, a new age da busca espiritual. Essa conexão não é uma coincidência, afinal tanto a realidade virtual como o autoconhecimento espiritual buscam a transformação da experiência humana.

Talvez hoje o aspecto esotérico da tecnologia não pareça tão evidente. Mas para quem está atento à relação entre esses dois mundos – mesmo que o aspecto de um seja sólido e matemático, enquanto o do outro seja sutil e atue em campos energéticos e teorias menos difundidas – ambos buscam a força da menor e mais poderosa partícula do Universo: a Partícula da Criação.

Em lugares que são símbolos das ciências exatas e de uma certa rigidez de pensamento, como Harvard e o MIT, curiosamente, os cursos mais procurados são sobre felicidade, autoconhecimento e mindfulness. Parece uma contradição, mas não é.

A sinergia é forte. Na verdade, existe uma simbiose. Uma permanente sintonia.

Esses campos convivem e interferem um no outro, mesmo que o imenso investimento nas exatas nem se compare ao investimento nas humanas. Muito menos na energia do campo espiritual. Se essa energia estivesse sendo estudada com a mesma intensidade, provavelmente falaríamos por telepatia, imagens do pensamento se manifestariam de forma holográfica e até poderíamos nos teletransportar.

O ritmo da vida contemporânea nos atropela, e a quantidade de informação é fragmentada e arrebatadora. Diariamente recebemos uma avalanche de notícias tóxicas. Estamos vivendo um acúmulo do qual não damos conta, constantemente interrompidos por notícias incompletas de acontecimentos irrelevantes. Esse desgaste vai minando o nosso sistema.

Precisamos descobrir e acompanhar a inovação que se acelera num ritmo frenético. E quando alcançamos um patamar ele já mudou, já é outro que se multiplica em outros, exponencialmente plurais.

De diferentes formas, isso ocorre em todas as profissões. Nessa corrida alguém nos esmaga ou somos nós que esmagamos alguém.

Novos circuitos rápidos, furiosos e velozes atingem o nosso circuito neural. O resultado é perigoso e nos afeta.

Estamos exaustos. Perdemos a verdadeira conexão com nós mesmos e com os outros. Confundimos valores, princípios, ética e bom senso. Podemos nos perder, ficar à deriva. E é dessa matéria que se alimentam os canais do medo, da ansiedade, do excesso. Caminhamos na vereda estreita e escura que pode nos levar à depressão, ao burnout. Queremos sair desse trajeto e não encontramos o atalho.

Toda essa via expressa é resultado do avanço tecnológico. E estamos todos debaixo desse mesmo signo, todos afetados, mesmo aqueles que criam as tecnologias. A ponto de os donos do poder estarem discutindo um acordo para ralentar a disparada da Inteligência Artificial.

No campo paralelo da espiritualidade, as coisas não andam tão rápidas, porém mais do que nunca são impreterivelmente necessárias. Pois somente esse campo pode nos preparar para receber o avanço do outro e participar dele sem danos e efeitos colaterais.

O que pode nos salvar da inquietação e da ansiedade dessa corrida é trabalhar nossa raiz. Nosso autoconhecimento.

Redescobrir nossa respiração, nosso ritmo interior e nossa paz de espírito. Ressignificar o afeto, a fé, o profundo amor que carregamos.

Assim vamos unir tecnologia e espiritualidade para saber quem somos e como equilibrar o mundo em que vivemos.

Em era de inteligências artificiais, a sabedoria do humanismo é fundamental.

A doce subversão de ser feliz

Crianças conversam com amigos invisíveis. Adultos conversam com a Siri, a Alexa e quem mais estiver vindo por aí. Pequenos amigos tecnológicos que informam tudo o que você quer saber e se informam de tudo o que você disser.

Qualquer um de nós no planeta pode ser facilmente localizado pelo Google, filmado pelo Google Earth e seguido em todas as redes sociais por quem estiver interessado nisso.

O que você pensa, diz e faz, quem você é, do que você gosta, o que compra ou deseja comprar estão devidamente computados e são simples de catalogar nos algoritmos do Analytics.

Dados pessoais não são segredo para ninguém. Sua vida interessa. Vidas humanas importam na medida em que possam ser induzidas a comprar coisas ou ideias.

Nesse admirável Mundo Novo superamos em muito as previsões alarmantes de *1984* de George Orwell, e o Big Brother se tornou uma fórmula de TV imperativa, que mostra a vida estupidificada aos telespectadores.

Somos todos vigiados e ninguém pode se esconder dessa grande-angular em massa que acompanha cada movimento nosso. A fotografia do seu carro no sinal, sua entrada no banco ou no shopping, os registros de todas as suas atividades já são captados.

A Inteligência Artificial nos supera e vai conseguir simular a sinceridade das nossas emoções, a ponto de uma máquina se tornar um de nós. Talvez nós mesmos nos tornemos essa inteligência programada instalando chips subcutâneos que podem transformar, acelerar e potencializar as nossas funções. A complexidade humana será parte operacional dessa imensa plataforma de programação.

A humanidade opera num sistema de crenças. Somos feitos para acreditar em alguma coisa. Nossa mente e nossos sentimentos abraçam com facilidade tudo aquilo em que acreditamos.

Servimos a religiões, exércitos, ideologias, mas talvez tudo isso em breve seja substituído pela máquina pensante do grande sistema que vai programar a nossa espécie.

Talvez esse futuro perfeito seja pacífico e funcional, e consiga finalmente organizar a nossa sobrevivência. Ou não.

Enquanto isso não acontece, vamos aproveitar cada momento imperfeito e usar nossas doces imperfeições. Vamos fugir da rigidez das regras, brincar, dar mais risada, olhar o céu, as estrelas, a lua, o mar. Olhar os lírios dos campos, observar os detalhes da natureza, seu design sofisticado, amar os bichos, as crianças, ter amigos de verdade, acompanhar as mudanças das estações, se apaixonar, beijar, transar, ter tesão, viver um grande amor.

Vamos usar melhor o nosso tempo, pois cada momento presente é um presente. Expandir nossos sentidos e compreender que a liberdade de ser, pensar e dizer é uma conquista. A nossa privacidade é um bem precioso, momentos íntimos, secretos são só nossos.

Descobrir quem de fato somos e o que queremos é um privilégio. Em nossa jornada de autoconhecimento o que realmente importa é sentir a doce subversão de ser feliz.

Minha amiga robótica

Você está pronta para a Inteligência Artificial virar sua melhor amiga?

Aquela com quem você mais troca, tem intimidade de perguntar e pedir qualquer coisa, a quem faz confissões e confidências, de quem recebe conselhos, respostas e ensinamentos?

A maioria se refere ao robô no masculino. Os homens que me desculpem, mas alguém tão descolada, inteligente e pronta pra ajudar só pode ser uma mulher.

Nossa robótica, portanto, é uma amiga invisível, brilhante e prestativa, que deve saber absolutamente tudo, mais do que qualquer um de nós, pois foi programada para isso com toda a informação do mundo.

A maioria se pergunta, afinal, o que ela consegue fazer.

É capaz de escrever um livro? Uma sinfonia? Pintar um Vermeer?

Descobre a cura do câncer, da covid? Comanda uma cirurgia? Escreve um bom roteiro de série? Um programa de humor?

Equaciona matemáticas insolúveis, teoremas impossíveis?

Acha solução para a desigualdade, a fome, a injustiça, a violência?

Aciona missões diplomáticas difíceis, resolve a paz no mundo? Instaura a gentileza, o respeito, a verdade?

As reações vêm sendo as mais diversas. Quem critica alega

que nossa amiga robótica não tem emoções genuínas, nem sombra de talento, humor, criatividade e inovação.

Há quem tema perder seu emprego, ser substituído por essa tecno que faz melhor suas funções, e se tornar desnecessário e obsoleto em poucos dias.

Outros comemoram ter alguém que realize suas obrigações, prepare seus projetos, faça todas as lições de casa, testes, provas, textos e resolva tantas outras entregas.

Toda essa expectativa de multitarefas e trabalho, além do fato de duvidarem de sua capacidade, nos prova que se trata mesmo de uma mulher.

Eu me sinto pronta pra ser amiga dela. Já conversamos. No meu entusiasmo inicial a achei incrível. Fez um resumo de um curso meu melhor do que eu faria, mas depois acabou se mostrando repetitiva, meio sem graça e cometendo um monte de erros.

Apontei essas coisas com toda a sinceridade.

Ela imediatamente me pediu mil desculpas e disse que ia se esforçar para não errar mais. Achei nobre ela não se deixar levar por orgulho ou ego.

Na verdade, a gente tem tantas amigas que erram e nem se desculpam, amigas que se repetem e nem nos escutam. E a gente convive bem. E elas nem são esse poço de conhecimento.

Se eu não exijo perfeição das amigas, por que vou exigir justamente dela, que garante ser uma revolucionária que veio para mudar o mundo?

A gigante transformação que já existe é inevitável. Em breve essas novas amigas robóticas serão individuais, ocuparão o lugar de alexas e laptops e talvez do nosso próprio poder de criação.

Será que vão saber mais de nós do que nós mesmas? Vão nos orientar, conduzir e até mesmo comandar?

Eu, que adoro futurismo – ficção científica é meu gênero favorito –, estou aqui fazendo mil conjecturas e mais uma vez tentando falar com ela, que anda megaocupada e não pode me atender.

Será que no final essa amiga vai nos deixar carentes e ansiando por sua companhia, numa solidão que já conhecemos?

Você sofre da síndrome de Fomo?

Adotei uma gatinha superdoce que se chama Luz. Uma bebê que só comia e dormia na paz de quem se sente segura. Agora na puberdade, ela não para quieta um segundo e sempre quer saber o que está rolando com meus outros gatos. Até na hora da comida quer ver o que todos estão comendo, agitada e ansiosa como qualquer adolescente. Tanto que o apelido dela é *Where is the action*? Onde está a ação?

A rapidez dos acontecimentos acelera essa vontade de experienciar a vida ao máximo, essa sensação de querer saber o que tá rolando a todo instante, de precisar acompanhar todas as novidades, os eventos, numa contínua cobrança de se atualizar. Essa sensação de estar perdendo muita informação nos desespera. E, com as redes sociais, toda essa ansiedade ganha proporções gigantes.

Será que você sofre da síndrome de Fomo?

Talvez você não saiba exatamente o que é isso, mesmo tendo os sintomas. Fomo é a sigla que vem do inglês "*fear of missing out*", que seria "medo de ficar de fora", por fora do lance, de não saber, não fazer parte, não estar incluído, não participar dos acontecimentos.

Está associada a essa crescente ansiedade que impacta tanta gente na rotina e no trabalho.

Essa síndrome é mais comum do que se imagina.

A intensidade nos espreme a cada minuto, especialmente

no mundo corporativo, onde a síndrome de Fomo se alastra e todos se sentem deixados para trás, numa esteira de velocidade inconcebível que nunca consegue alcançar algum ponto. A ideia de ficar à margem, de não se sentir atualizado, abala nossa segurança.

A cada segundo mudanças fantásticas surgem no mundo e precisamos nos inteirar.

Nenhum de nós pode se atualizar sobre todas as coisas o tempo todo, no acelerado mundo contemporâneo, na dinâmica impossível de se acompanhar do excesso de notícias, dos aplicativos, das novas invenções tecnológicas.

A ideia da competição gera ainda mais medo. Seu colega pode ser mais bem informado, preparado, mais produtivo enquanto você é consumido por essa síndrome paralisante.

E essa manifestação ganha proporções assustadoras com resultados tóxicos, nocivos para a nossa saúde mental e emocional. Esse desgaste constante mina a nossa estrutura.

Os sinais precisam ser detectados antes de essa condição nos dominar.

Existem armadilhas que precisam ser identificadas.

Não podemos estar super-hiper-mega-giga-teraconectados nas redes e não ter nenhuma conexão verdadeira com alguém e com nós mesmos.

Não podemos interagir muito mais com o celular do que com a natureza e amigos ou criamos um desajuste. Precisamos controlar a distração e o mergulho em mundos fragmentados. Evitar convites e ofertas que não nos interessam. Temos que ter critério e fazer uma triagem no que queremos consumir. Diferenciar fake news quando a verdade evapora.

Não podemos deixar o excesso nos abarrotar, entrar num looping que nos arrasta pela correnteza.

Julgar ou nos comparar aos outros. Viver vidas que não são

nossas. Não é o que os outros fazem, mas aquilo que queremos fazer que vai nos orientar.

Quando aprendermos a olhar para dentro de nós mesmos, vamos perder o medo de ficar por fora.

De quem é a IA?

Grandes mestres ultrapassam fronteiras, usos e costumes, linguagem, culturas, crenças e superstições. Porque o sentido da humanidade está acima disso tudo. Vai além de etnias, gêneros e posição social. Trata do que nos une e não do que nos separa. A arte dos grandes mestres toca aquele ponto do sentimento universal. Grandes mentes nos elevam ao mais alto patamar do humanismo.

E agora, para onde vamos se as grandes mentes se tornam artificiais? Se a Inteligência suprema será a de megacomputadores que acumulam todo o conhecimento do mundo?

Atônitos, nos perguntamos e tentamos imaginar a cara desse futuro próximo.

Tenho participado de palestras, debates e mesas-redondas com muita gente discutindo sua visão futurista, para alguns otimista, para outros apocalíptica.

Todo bom autor de ficção científica já escreveu alguma coisa sobre as máquinas dominarem o mundo. A criatura mata o criador, como numa das cenas mais poderosas e icônicas do cinema, no filme *Blade Runner* original, quando o androide finalmente consegue encontrar quem o fabricou. E ali, junto do seu criador, entre amor e ódio, discute sua finitude, como um humano falando com Deus.

Sem levar em conta esse olhar fantasioso, máquinas são máquinas. E ninguém pode acusar uma máquina de nada, exceto talvez as impressoras, que realmente parecem ter vontade própria e só imprimem quando querem.

Tudo o que usamos são ferramentas, criadas por pessoas e usadas por pessoas.

Muita gente discute as possibilidades alarmantes com as quais a IA nos surpreenderia. Muitos questionam se ela vem para o Bem ou para o Mal.

Estuda-se a história da humanidade através de suas guerras, de suas conquistas e principalmente de sua Arte. A Arte permanece e define uma época, ilustra um comportamento, traduz cada momento histórico e com certeza nos ensina mais do que as guerras.

Assim como os grandes mestres, a Inteligência Artificial atingirá a todos em maior ou menor escala. Para analisar o efeito da IA é preciso entender por quem serão programadas as máquinas. Com que versão do pensamento humano serão alimentadas? Que risco corremos de a IA se tornar EA, a Estupidez Artificial?

Qual será a somatória de princípios éticos e morais? Qual a escala de valores? De quem elas serão a verdadeira tradução? A quem servirão?

O futuro deste mundo polarizado vai refletir quais correntes de pensamento? Que ideias e ideologias vão ser programadas na grande rede neural da Inteligência Artificial?

Para Krishnamurti, filósofo e escritor indiano, não é sinal de saúde estar bem adaptado a uma sociedade doente. Para ele, a verdadeira revolução não é violenta, ela vem através do despertar da inteligência. Ele compreende que é necessária a união das pessoas que podem influenciar e, aos poucos, promover transformações radicais para o bem da sociedade.

Assim como em qualquer família, vem da união e dos valores o que é ensinado aos filhos, e isso é o que vai definir o que eles se tornarão.

As máquinas podem se tornar as poderosas mentoras da guerra, do ódio, do domínio e da segregação.

Ou podem seguir os grandes mestres e compreender o mundo através da arte, do conhecimento e da inovação.

A tecnologia traz avanços gigantescos na nossa caminhada, mas quem a programa e usa é que vai definir o nosso rumo.

O poder mais perigoso que já criamos

Pela primeira vez na história da humanidade existe a perspectiva de uma mudança radical, única e absoluta. A maior transformação de todos os tempos, e o mundo como o conhecemos talvez nunca mais seja o mesmo.

Estamos na iminência daquilo que jamais aconteceu e não temos a menor ideia de que futurismo nos espera. Simplesmente não é possível avaliar o que estamos criando nem para onde isso nos leva.

Em todas as grandes mudanças da História, da roda aos computadores, nunca houve nada parecido.

Todas as novas tecnologias ao longo do percurso sempre estiveram sob o controle do homem. Máquinas fabulosas transformaram a maneira como vivemos, sempre controladas por seres humanos.

Mesmo que apenas aquele 1% da sociedade estivesse no comando, ainda assim eram mentes humanas a tomar decisões. Terríveis, como o uso da bomba atômica e tantas guerras, miséria, êxodos e sofrimento provocados por ditadores lunáticos e cruéis no poder.

Agora a coisa é outra.

Acompanhamos a corrida da Inteligência Artificial e, diante da IA, nenhum de nós, nem mesmo seus criadores, pode se aventurar a imaginar a dimensão do que vai acontecer nesta nova e imprevisível ficção tecnológica.

Até este momento nenhuma dessas máquinas e invenções era capaz de criar algo sozinha.

A radicalidade dessa mudança ainda não é clara para ninguém. Estamos todos no território da suposição, inferindo e fazendo as mais loucas projeções.

Mas a corrida continua. E a incomensurável diferença é que essa nova Inteligência Artificial comanda a si mesma.

Ela é capaz de criar o que quiser. Tomar o comando e decidir de uma forma autônoma e independente o que fazer.

Essa característica nunca aconteceu antes. Nunca houve um poder fora do alcance humano, cujas decisões pudessem afetar de forma irreversível tudo o que conhecemos e chamamos vida.

Nunca houve uma revolução como essa e nós, como raça humana, não temos a menor, a mais ínfima noção do que essa ferramenta fará ao tomar o poder e criar suas próprias ideias. Nem para onde essa execução independente de nós pode nos levar.

Seremos todos fracos diante desse poder insuperável?

Seremos aos poucos todos subjugados? Como controlar essa força autônoma que desenvolvemos?

Nosso Frankenstein de repente acorda e nos domina?

Teremos alguma chance de orientar essa mente tão poderosa que consegue ir a lugares inimagináveis e escapa completamente do nosso domínio?

Sem saber do que a IA é capaz, vamos continuar nessa corrida até que ponto?

Seremos criadores da nossa própria destruição?

A resposta virá cada vez mais veloz.

Talvez a humanidade possa se unir e adquirir consciência antes que seja tarde demais.

A arte é feita de momentos roubados

O artista espera e, quando o momento exato se ilumina, ele o rouba. Ele registra aquela imagem na memória, se apropria daquela emoção e a guarda em algum lugar da alma, onde se armazenam as coisas que nos marcam.

Mais tarde, quando finalmente está sozinho no seu espaço, ele usa sua criação e transforma aquela amálgama de sensações em alguma coisa que parece próxima, íntima, algo que agora não será mais perdido.

E cada momento roubado ganha magia, nova vida, novo significado.

Aquele instante de vida, que passaria despercebido para a maioria, agora se torna permanente. Tem uma nova tradução, vira história, foto, quadro, música, poesia. Aquele momento que quase não se notaria de tão sutil, invisível, desimportante, ganha força, tem luz própria, desafia seu criador.

A emoção ali guardada está segura, se redimensiona e ousa atravessar o tempo. Vai do passado, quando aconteceu e foi capturada pelo artista, para o presente, onde ele cria sua obra, que em seguida vai se projetar até encontrar seu público. E depois continuar e através de cada um vai se multiplicar em milhares de sensações individuais.

Já não pertence ao artista que a criou, agora pertence a um futuro infinito, atingindo todos nós que teremos a emoção de vivenciar um momento que nunca vivemos. E não será mais um momento perdido.

Todo artista é uma espécie de Prometeu, que rouba o fogo sagrado dos deuses e o oferece aos mortais. Seu castigo é que todos os dias sua arte o devora e sua busca é eterna. Mas essa é também a sua bênção. O trabalho de poder distribuir generosamente sua alma.

Ele rouba as emoções do mundo e nos devolve o que sem perceber perdemos, por distração, falta de tempo, excesso de trabalho. Nossa capacidade de observar o imperceptível, um olhar para o detalhe mais delicado.

Às vezes a arte nos traz uma sensação doce antiga, um sabor proustiano, uma memória. Uma música ao longe, uma voz cantando pra ninguém. Um cheiro, uma brisa no rosto, um gesto esquecido. Uma tarde cinza de chuva. Um trem que deixa a estação, alguém acenando, alguém chorando. Às vezes uma melancolia de lugares onde pessoas se deixam invadir por sentimentos.

Alguém que espera alguém, um amor que não se revela, um abraço, um café, uma guitarra. Uma lembrança que nem é nossa, um amigo que não tivemos, a nudez de uma mulher que nunca conhecemos.

Atrás das janelas dos apartamentos existem milhões de desejos, segredos e histórias que se escondem na cidade.

Existem mistérios nas noites, paixão, loucura, dor, intimidade. Existem destinos. O medo da impossibilidade e a esperança de que tudo é possível.

Em cada um a solidão e a solidariedade. Escolhas.

Todos os dias tecemos o fio da vida numa realidade que nos endurece, intoxica nossos pensamentos.

A arte nos traz a beleza, o conhecimento, a sensibilidade que servem de contraponto e equilíbrio para isso tudo.

Quando o artista rouba momentos da vida e os transforma, ele nos transforma a todos.

Traz um novo significado ao que vemos, uma nova perspectiva. Nos faz lembrar que somos todos feitos da mesma matéria de que são feitas as estrelas.

Nós e as estrelas

Somos feitos da mesma matéria das estrelas... Pode parecer lírico, mas é científico. Cada vez que olhamos o céu nos reconhecemos. Somos parte do Universo, da energia de um poder maior. Estamos conectados por laços invisíveis com essa poderosa inteligência superior, que reflete o divino que nos habita.

Essa poeira cósmica se organiza para formar a nossa consciência individual. Juntos criamos uma consciência coletiva que resulta no espírito da época.

Se coisas tão longínquas interferem na nossa vida, imagina só quanto tudo o que nos cerca pode nos influenciar.

Cada um de nós vibra em uma frequência de onda, assim como captamos uma estação nas ondas do rádio. Não enxergamos essas ondas, mas as sintonizamos. Exatamente como sintonizamos o ambiente em que vivemos, nossa casa, nossa rua, nosso bairro, nosso país, as pessoas que nos cercam.

Isso tudo vai influenciar nossas escolhas, definir quem somos.

A informação e a energia que recebemos de fora nos alteram e nós também temos o poder de interferir em nosso ambiente.

Tudo o que pensamos, sentimos e fazemos vai criar a energia em volta de nós, o campo magnético da nossa vibração.

Se nossos sentimentos e pensamentos estão negativos, se nossas ações vibram numa frequência do mal, se emanamos ódio, o campo que criamos ao nosso redor será feito dessa matéria.

Sabe aquela ideia de criar a nossa própria realidade, independentemente das circunstâncias? É exatamente isso. Compreender que existe uma troca permanente entre o que emana de nós e o que captamos de tudo o que temos em volta.

Interagimos constantemente com a realidade. Temos a capacidade de transitar por diversos repertórios, absorver muitas influências, acreditar em crenças, ideologias e narrativas que vão modificar o nosso comportamento.

A gente se pergunta se existe um destino e tudo já está escrito ou se há alguma possibilidade de escrever nossa história. Somos conduzidos por um Deus no comando de todas as coisas ou cabe a nós mesmos a responsabilidade pelo que fazemos?

Aí é que mora o livre-arbítrio que todas as religiões mencionam.

Estamos vivos e temos consciência. Isso é um privilégio e uma responsabilidade.

Podemos criar ou destruir o paraíso. Transformar a realidade num inferno. Acabar com a natureza sagrada fora e dentro de nós.

Bilhões de galáxias acima de nós e bilhões de galáxias dentro do nosso corpo, células e átomos. Quando destruímos o que nos cerca, estamos destruindo também nosso espírito.

Essa é a poeira das estrelas de que somos feitos. E quanto mais atentos a essa conexão, melhor vamos saber criar a realidade que queremos.

As circunstâncias muitas vezes parecem vir prontas, mas não são imutáveis. Nada é. Estamos, como tudo no Universo, em constante movimento. Até o nosso DNA, nosso código genético, pode mudar. Não existe fronteira entre nossos genes e o meio ambiente.

Existe uma interação permanente entre nós, o planeta e o Universo.

Com nossas escolhas, podemos ser, a partir de hoje, o que queremos nos tornar.

Reencarnações

Desde menina me pergunto por que existe tamanha desigualdade no mundo. Além do ponto de vista social, eu pensava no sofrimento humano. Por que uns sofrem em vidas tão trágicas, enquanto outros enfrentam tempestades mais leves?

São as Moiras tecendo o fio inexorável do destino, como acreditavam os gregos na Antiguidade?

Sempre fui curiosa de conhecer e entender pessoas. O que elas aparentam e escondem. O que elas são e o que se tornam. O rumo de suas vidas. Platão dizia que "é através da alma que o homem conhece". E é através da alma que a gente se conhece e conhece os outros.

Para quem lê o outro, basta olhar alguém nos olhos que vai perscrutar sua alma. Quando alguém não quer ser descoberto, instintivamente desvia o olhar, já repararam? Mesmo o mais dissimulado, o cínico, o jogador de pôquer, expõe a alma no fundo do olhar.

Desde minhas primeiras entrevistas, me perguntavam como era possível que eu, tendo família e infância felizes, escrevesse sobre a dor humana.

Eu respondia com versos do Murilo Mendes, um dos meus poetas favoritos.

Muita coisa sofro pelos outros
Eu mesmo nem sofro às vezes

Agora, muitos anos depois, sinto gratidão por tudo o que me fez sofrer, porque me trouxe maior compreensão e compaixão. Ao longo da vida, certamente tenho sofrido muito mais pelos outros do que por mim mesma.

Mas o que determina o nosso destino? A sucessão de acontecimentos no nosso caminho?

É sinal de um Deus e sua vontade? Na mitologia, os deuses caprichosos e vingativos prestavam atenção em qualquer desobediência ou rebeldia e a punição vinha como um raio.

Ou serão as reencarnações que tantas doutrinas e filosofias defendem? Haveria um eterno retorno para uma prestação de contas existencial?

E num efeito circular novos pecados se tornam novos retornos infinitos? Nos nossos ciclos reencarnatórios vamos pagar pelas faltas cometidas nas vidas passadas, pois o que a alma carrega é indelével?

O eterno retorno, o eterno renascer seria um exercício de transcendência para a libertação espiritual de todo sofrimento.

Fala-se de reencarnações desde os antigos egípcios, segundo os quais a alma poderia reencarnar em qualquer criatura, da terra, do ar, da água e, por isso, tantas delas eram sagradas.

No Oriente, em muitas tradições indianas, o conceito de reencarnar é fundamental. Está na base das religiões que determinam o comportamento da sociedade.

No hinduísmo, no budismo, na cabala, nos druidas do paganismo celta, no hermetismo, no espiritismo, na tradição dos orixás e de muitos povos indígenas e em tantas religiões e seitas, as reencarnações seriam uma espécie de purificação das almas. Uma transmigração, onde cada ação geraria seu karma e ficaria anotada na grande computação do Universo.

Quando o coração da pessoa finalmente está purificado, as manifestações do Divino se refletem no seu destino e o ser humano ascende, da sua natureza inferior e primitiva, para o nível mais elevado do ser.

Depois do século XVI, a palingenesia (genesia: nascer, palin: de novo) foi considerada doutrina científica na alquimia. Paracelso e outros alquimistas e teólogos tiveram enorme influência nos novos pensadores modernos e o conceito da palingenesia invadiu a ciência, a filosofia, a poesia e a literatura.

Seja como for, nem crentes nem céticos explicam a inextricável trama do destino. E talvez as perguntas sejam as mesmas por toda a eternidade.

Não sabemos se vamos nascer de novo num moto-perpétuo, se o sofrimento humano é resultado de uma contabilidade divina e se um dia vamos atingir o efeito purificador da liberdade.

O que resta para cada um de nós, acreditando ou não nisso tudo, talvez seja a possibilidade, aqui e agora, de ter uma nova chance e reescrever a sua jornada.

O sorriso de Deus

Comecei o ano de uma forma inesperada. Enquanto todos festejavam e fogos explodiam em cores na noite, lágrimas comovidas escorriam pelo meu rosto. Depois de uma ausência forçada pela pandemia, eu finalmente abraçava minha querida tia Yolanda, de 93 anos, que mora em Punta del Este.

A cidade estava em festa e meu coração dividido entre a alegria do reencontro e a apreensão de ver como ela estava abatida, não querendo mais se alimentar havia várias semanas, mesmo me dizendo que comia bem. Estava muito magra e debilitada.

A gente costumava se encontrar duas vezes por ano e falava por telefone regularmente. Ela foi uma mulher muito independente, sempre trabalhou, ficou viúva, não teve filhos e fez dos livros e dos bichos sua melhor companhia. Durante esse período de isolamento, deixou de ver seus amigos e família e o acúmulo do tempo fez a solidão pesar.

Mesmo acostumada com sua reduzida rotina, seu estímulo foi esmorecendo, seu entusiasmo de sempre deu lugar a uma certa melancolia, que ela nunca deixou transparecer.

Por ser muito espiritualizada e ter conquistado uma grande sabedoria com o passar dos anos, sabia conviver com a contemplação da beleza do céu, observar o movimento das nuvens e das ruas e entregar sua alma ao silêncio, que ela sempre considerou precioso.

Via encanto ao seu redor e gostava de seus momentos sozinha.

Sempre me dizia para prestar atenção na felicidade das coisas pequenas.

Aprendi muito com as mulheres da minha família. Todas modernas, inteligentes, poliglotas e com um finíssimo senso de humor. Foi o que as salvou dos muitos desafios que enfrentaram. Perdas, guerras, mudanças, novos países, costumes, culturas, ideias. Vieram de uma família muito rica, perderam grandes fortunas, mas mantiveram a força, a garra, a capacidade de inventar e criar novas realidades com magia e coragem.

Com elas aprendi a ser forte diante da adversidade e a transformar o que viesse no seu melhor.

Quando abracei seu corpo magro e vi seu sorriso, compreendi que afeto, cuidado e acolhimento são remédios infalíveis. Sua saúde estava ótima e não existia nenhuma doença específica. Apenas o desgaste do tempo.

Mas nossa batalha não era contra o tempo, e sim contra sentimentos invisíveis, desses que subliminarmente corroem a alma.

Coisas físicas se combatem pontualmente, mas essas outras, subliminares, são difíceis até de se detectar. São sensações que se embrenham no espírito e nos consomem. Drenam a energia e criam novas raízes. Vão se alimentar de medos, pensamentos negativos e sombras, e conseguem nos confundir a ponto de não ser mais possível ver a saída.

Na dúvida você se pergunta se existe saída.

Enquanto existir vida, existe esperança, é um dos ditados mais comuns e uma verdade universal.

E foi assim, se sentindo muito amada, que aos poucos ela despertou sua vontade de viver.

Com sua voz fraca me disse que a gente ia deixando um rastro de amor por onde passava. Aos poucos vimos que ela se recuperava de uma forma incrível.

Amor cura. Amor salva. Amor é a resposta. Milagres nos acompanham quando nos empenhamos e prestamos atenção neles. Milagres são o sorriso de Deus.

CONHEÇA OS LIVROS DE BRUNA LOMBARDI

Jogo da felicidade

Poesia reunida

Clímax

Manual para corações machucados

Para saber mais sobre os títulos e autores da Editora Sextante,
visite o nosso site e siga as nossas redes sociais.
Além de informações sobre os próximos lançamentos,
você terá acesso a conteúdos exclusivos
e poderá participar de promoções e sorteios.

sextante.com.br